CONSELHO PONTIFÍCIO PARA A FAMÍLIA

SEXUALIDADE HUMANA: VERDADE E SIGNIFICADO

Orientações educativas em família

7 edição – 2009

5ª reimpressão – 2022

Nenhuma parte desta obra poderá ser reproduzida ou transmitida por qualquer forma e/ou quaisquer meios (eletrônico ou mecânico, incluindo fotocópia e gravação) ou arquivada em qualquer sistema ou banco de dados sem permissão escrita da Editora. Direitos reservados.

Paulinas
Rua Dona Inácia Uchoa, 62
04110-020 – São Paulo – SP (Brasil)
Tel.: (11) 2125-3500
http://www.paulinas.com.br – editora@paulinas.com.br
Telemarketing e SAC: 0800-7010081

© Pia Sociedade Filhas de São Paulo – São Paulo, 1996

INTRODUÇÃO

A situação e o problema

1. Entre as múltiplas dificuldades que os pais encontram hoje, mesmo tendo na devida conta os diversos contextos culturais, está certamente a de poder oferecer aos filhos uma adequada preparação para a vida adulta, em particular no que se refere à educação para o verdadeiro significado da sexualidade. As razões desta dificuldade, que aliás não é de todo nova, são diversas.

No passado, mesmo quando da parte da família não se dava uma explícita educação sexual, todavia a cultura geral, marcada pelo respeito dos valores fundamentais, servia objetivamente para os proteger e conservar. A falta dos modelos tradicionais em grande parte da sociedade, tanto nos países desenvolvidos como naqueles em vias de desenvolvimento, deixou os filhos desprovidos de orientações unívocas e positivas, enquanto os pais se acharam impreparados para dar as respostas adequadas. Este novo contexto é ainda agravado por um obscurecimento da verdade sobre o homem a que assistimos e em que age, entre outras coisas, uma pressão em direção à banalização do sexo. Há portanto uma cultura em que a sociedade e os meios de comunicação, a maior parte das vezes, oferecem a esse respeito uma informação despersonalizada, lúdica, muitas vezes pessimista e além disso sem consideração pelas diversas etapas de formação e de evolução das crianças e dos jovens, sob o influxo de um distorcido conceito individualista da liberdade e num contexto privado de valores fundamentais sobre a vida, sobre o amor humano e sobre a família.

Então a escola, que se tornou disponível a desenvolver programas de educação sexual, fê-lo muitas vezes substituindo-se à família e o mais das vezes com intenções puramente informativas. Às vezes chega-se a uma verdadeira deformação das consciências. Os próprios pais, por causa da dificuldade e da falta de preparação, renunciaram em muitos casos à sua tarefa neste campo ou resolveram delegá-la a outra pessoa.

Nesta situação, muitos pais católicos voltam-se para a Igreja, a fim de que esta se encarregue de dar uma orientação e sugestões para a educação dos filhos, sobretudo na fase da infância e da adolescência. Em particular, os próprios pais manifestam às vezes a sua dificuldade diante do ensino que é dispensado na escola e portanto trazido para casa pelos filhos. O Conselho Pontifício para a Família tem por isso recebido repetidos e prementes pedidos para que se possa dar uma diretiva de apoio aos pais neste delicado setor educativo.

2. O nosso Dicastério, consciente desta dimensão familiar da educação para o amor e a reta vivência da própria sexualidade, deseja propor algumas linhas de orientação de caráter pastoral, tiradas da sabedoria que provém da Palavra do Senhor e dos valores que iluminaram o ensino da Igreja, consciente da «experiência de humanidade» que é própria da comunidade dos crentes.

Queremos, portanto, antes de tudo ligar este subsídio com o conteúdo fundamental relativo à verdade e ao significado do sexo, no quadro de uma antropologia genuína e rica. Oferecendo esta verdade, sabemos que «todo aquele que é da verdade» (Jo 18,37) escuta a Palavra daquele que é a própria Verdade em Pessoa (cf. Jo 14,6).

Este guia não quer ser nem um tratado de teologia moral nem um compêndio de psicologia, mas quer ter na devida conta as conquistas da ciência, as condições socioculturais da família e a proposta dos valores evangélicos que conservam para cada idade o viço original e a possibilidade de encarnação concreta.

3. Algumas certezas indiscutíveis sustêm a Igreja neste campo e guiaram também a elaboração deste documento.

O amor, que se alimenta e se exprime no encontro do homem e da mulher, é dom de Deus; é, por isso, força positiva, orientada à sua maturação enquanto pessoas; é também uma preciosa reserva para o dom de si que todos, homens e mulheres, são chamados a realizar para a sua própria realização e felicidade, num plano de vida que representa a vocação de todos. O ser humano, com efeito, é chamado ao amor como espírito encarnado, isto é, alma e corpo na unidade da pessoa. O amor humano abarca também o corpo e o corpo exprime também o amor espiritual.[1] A sexualidade, portanto, não é qualquer coisa de puramente biológico, mas refere-se antes ao núcleo íntimo da pessoa. O uso da sexualidade como doação física tem a sua verdade e atinge o seu pleno significado quando é expressão da doação pessoal do homem e da mulher até à morte. Este amor está exposto, assim como toda a vida da pessoa, à fragilidade devida ao pecado original e ressente-se, em muitos contextos socio-culturais, de condicionamentos negativos e, às vezes, desviantes e traumáticos. A redenção do Senhor, contudo, tornou uma realidade possível, e um motivo de alegria, a prática positiva da castidade, tanto para aqueles que têm vocação matrimonial — seja antes, durante a preparação, seja depois, no decurso da vida conjugal — como também para aqueles que têm o dom de um chamado especial à vida consagrada.

4. Na ótica da redenção e no caminho formativo dos adolescentes e dos jovens, a virtude da castidade, que se coloca no interior da temperança — virtude cardeal que no batismo foi elevada e impregnada

---

1. Cf. João Paulo II, Exortação Apostólica *Familiaris Consortio*, 22 de novembro de 1981: *AAS* 74 (1982), p. 105, n. 21.

pela graça — não é entendida como uma virtude repressiva, mas, pelo contrário, como a transparência e, ao mesmo tempo, a guarda de um dom recebido, precioso e rico, o dom do amor, em vista do dom de si que se realiza na vocação específica de cada um. A castidade é, portanto, aquela «energia espiritual que sabe defender o amor dos perigos do egoísmo e da agressividade e sabe promovê-lo para a sua plena realização».[2]

O Catecismo da Igreja Católica assim descreve e, em certo sentido, define a castidade: «Castidade significa a integração da sexualidade adquirida pela pessoa e daí a unidade interior do homem no seu ser corporal e espiritual».[3]

5. A formação para a castidade, no quadro da educação do jovem para a realização e o dom de si, implica a colaboração prioritária dos pais também na formação para outras virtudes, como a temperança, a fortaleza, a prudência. A castidade como virtude não pode existir sem a capacidade de renúncia, de sacrifício, de espera.

Dando a vida, os pais cooperam com o poder criador de Deus e recebem o dom de uma nova responsabilidade: a responsabilidade não só de alimentar e satisfazer as necessidades materiais e culturais dos seus filhos, mas sobretudo de lhes transmitir a

---

2. *Ibid*, n. 33.
3. *Catecismo da Igreja Católica*, 11 de outubro de 1992, n. 2337, Libreria Editrice Vaticana.

verdade da fé vivida e de os educar no amor de Deus e do próximo. Tal é o seu primeiro dever no seio da «igreja doméstica».[4]

A Igreja sempre afirmou que os pais têm o dever e o direito de serem os primeiros e os principais educadores dos seus filhos.

Retomando o Concílio Vaticano II, o *Catecismo da Igreja Católica* recorda: «Os jovens devem ser conveniente e oportunamente instruídos, sobretudo no seio da própria família, acerca da dignidade, missão e exercício do amor conjugal».[5]

6. As provocações, hoje provenientes da mentalidade e do ambiente, não podem desencorajar os pais. Por um lado, de fato, é preciso recordar que os cristãos, desde a primeira evangelização, tiveram de afrontar desafios semelhantes do hedonismo materialista. Além disso, «a nossa civilização, que aliás registra tantos aspectos positivos no plano material e cultural, deveria dar-se conta de ser, em diversos pontos de vista, uma *civilização doente,* que gera profundas alterações no ser humano. Por que se verifica isto? A razão está no fato de que a nossa sociedade se distancia da plena verdade sobre o ser huma-

---

4. Cf. Concílio Vaticano II, Constituição Dogmática sobre a Igreja *Lumen Gentium,* n. 11 cf. Decreto sobre o Apostolado dos Leigos *Apostolicam Actuositatem,* n. 11.

5. *Catecismo da Igreja Católica,* n. 1632; cf. Concílio Vaticano II, Constituição Pastoral sobre a Igreja no Mundo de Hoje *Gaudium et Spes,* n. 49.

no, da verdade sobre o que o homem e a mulher são como pessoas. Por conseguinte, não sabe compreender de maneira adequada o que sejam verdadeiramente o dom das pessoas no matrimônio, o amor responsável e ao serviço da paternidade e da maternidade, a autêntica grandeza da geração e da educação».[6]

7. É por isso indispensável a obra educativa dos pais, os quais se «ao darem a vida tomam parte na obra criadora de Deus, pela educação tornam-se *participantes da sua pedagogia conjuntamente paterna e materna... Por meio de Cristo* toda a educação, na família e fora dela, *é inserida na dimensão salvífica da pedagogia divina,* que se dirige aos homens e às famílias e culmina no mistério pascal da morte e ressurreição do Senhor».[7]

Os pais, em seu dever, às vezes delicado e árduo, não devem, por isso, desanimar, mas confiar no apoio de Deus Criador e de Cristo Redentor, recordando que a Igreja reza por eles com as palavras que o Papa Clemente I dirigia ao Senhor por todos aqueles que exercem em seu nome a autoridade: «Dai-lhes, Senhor, a saúde, a paz, a concórdia, a estabilidade para que exerçam, sem obstáculos, a soberania que lhes confiastes. Sois vós, ó Mestre, celeste rei dos séculos, que dá aos filhos dos homens glória,

---

6. João Paulo II, Carta às Famílias *Gratissimam Sane,* 2 de fevereiro de 1994: *AAS* 86 (1994), p. 917, n. 20.

7. *Ibid.,* n. 16.

honra e poder sobre as coisas da terra. Dirigi, Senhor, o seu conselho segundo o que é bom, segundo o que é agradável aos vossos olhos, para que exercendo com piedade, na paz e na mansidão, o poder que lhes destes, vos encontrem propício».[8]

Por outro lado, os pais, tendo dado a vida e tendo-a acolhido num clima de amor, são ricos de um potencial educativo que nenhum outro detém: conhecem de modo único os próprios filhos, a sua irrepetível singularidade e, por experiência, possuem os segredos e os recursos do amor verdadeiro.

---

8. S. Clemente de Roma, *Epistula ad Corinthios,* 61, 1-2; cf. *Catecismo da Igreja Católica,* n. 1900.

I
CHAMADOS AO VERDADEIRO AMOR

8. *O ser humano, enquanto imagem de Deus, é criado para amar.* Esta verdade foi-nos revelada plenamente no Novo Testamento, juntamente com o mistério da vida intratrinitária: «Deus é amor (1Jo 4,8) e vive em si mesmo um mistério de comunhão pessoal de amor. Criando-a à sua imagem..., Deus inscreve na humanidade do homem e da mulher a vocação, e, assim, a capacidade e a responsabilidade do amor e da comunhão. O amor é, portanto, a fundamental e originária vocação do ser humano».[9] Todo o sentido da própria liberdade, do autodomínio conseqüente, é assim orientado ao dom de si na comunhão e na amizade com Deus e com os outros.[10]

O amor humano como dom de si

9. A pessoa é, portanto, capaz de um tipo de amor superior: não o amor da concupiscência, que vê só objetos com que satisfazer os próprios apetites, mas o amor de amizade e oblatividade, capaz de reconhe-

---

9. *Familiaris Consortio*, n. 11.
10. Cf. João Paulo II, Carta apostólica *Mulieris Dignitatem*, *15 de agosto de 1988: AAS* 80 (1988), pp. *1667 e* 1693, nn. *7 e* 18.

cer e amar as pessoas por si mesmas. É um amor capaz de generosidade, à semelhança do amor de Deus; querer bem ao outro porque se reconhece que é digno de ser amado. É um amor que gera a comunhão entre as pessoas, visto que cada um considera o bem do outro como próprio. É um dom de si feito àquele que se ama, no qual se descobre, se concretiza a própria bondade na comunhão de pessoas e se aprende o valor de ser amado e de amar.

Cada ser humano é chamado ao amor de amizade e de oblatividade; e é libertado da tendência ao egoísmo pelo amor de outros: em primeiro lugar pelos pais ou seus substitutos e, em definitivo, por Deus, de quem procede todo o amor verdadeiro e em cujo amor somente a pessoa humana descobre até que ponto é amada. Aqui se encontra a raiz da força educadora do cristianismo: «*O homem é amado por Deus!* Este é o mais simples e o mais comovente anúncio de que a Igreja é devedora ao homem».[11] Foi assim que Cristo revelou ao ser humano a sua verdadeira identidade: «Cristo, que é o novo Adão, na mesma revelação do mistério do Pai e do seu amor, manifesta plenamente o homem ao próprio homem e descobre-lhe a sua altíssima vocação».[12]

O amor revelado por Cristo «aquele amor, ao qual o apóstolo Paulo dedicou um hino na Primeira Carta aos Coríntios... é, sem dúvida, um amor *exi-*

---

11. João Paulo II, Exortação apostólica *Christifideles Laici*, 30 de dezembro de 1988: *AAS* 81 (1989), p. 456, n. 34.

12. *Gaudium et Spes*, n. 22.

gente. Mas nisto mesmo está a sua beleza: no fato de ser exigente, porque deste modo constrói o verdadeiro bem do homem e irradia-o também sobre os outros».[13] Por isso é um amor que respeita a pessoa e a edifica porque «o amor é verdadeiro quando *cria o bem das pessoas e das comunidades,* cria-o e o *dá* aos outros».[14]

O amor e a sexualidade humana

10. O ser humano é chamado ao amor e ao dom de si na sua unidade corpórea-espiritual. Feminilidade e masculinidade são dons complementares, pelo que a sexualidade humana é parte integrante da capacidade concreta de amor que Deus inscreveu no homem e na mulher. «A sexualidade é uma componente fundamental da personalidade, um modo de ser, de se manifestar, de se comunicar com os outros, de sentir, de expressar e de viver o amor humano».[15] Esta capacidade de amor como dom de si tem, por isso, uma sua «encarnação» no *caráter esponsal do corpo,* no qual se inscreve a masculinidade e a feminilidade da pessoa. «O corpo humano, com o seu sexo, e a sua masculinidade e feminilidade, visto

---

13. Carta às Famílias *Gratissimam Sane,* n. 14.

14. *Ibid.*

15. Congregação para a Educação Católica, *Orientações Educativas sobre o Amor Humano,* 1º de novembro de 1983, n. 4: «L'Osservatore Romano», ed. it., inserto, 2 de dezembro de 1983.

no próprio mistério da criação, não é somente fonte de fecundidade e de procriação, como em toda a ordem natural, mas encerra desde "o princípio" o atributo "esponsal", isto é, a capacidade de exprimir o amor precisamente pelo qual o homem-pessoa se torna dom e — mediante este dom — realizar o próprio sentido do seu ser e existir».[16] Qualquer forma de amor será sempre marcada por esta caracterização masculina e feminina.

11. A *sexualidade humana é, portanto, um Bem:* parte daquele dom criado que Deus viu ser «muito bom» quando criou a pessoa humana à sua imagem e semelhança e «homem e mulher os criou» (Gn 1,27). Enquanto modalidade de se relacionar e se abrir aos outros, a sexualidade tem como fim intrínseco o amor, mais precisamente o amor como doação e acolhimento, como dar e receber. A relação entre um homem e uma mulher é uma relação de amor: «A sexualidade deve ser orientada, elevada e integrada pelo amor, que é o único a torná-la verdadeiramente humana».[17] Quando tal amor se realiza no matrimônio, o dom de si exprime, por intermédio do corpo, a complementaridade e a totalidade do dom; o amor conjugal torna-se, então, força que enriquece e faz crescer as pessoas e, ao mesmo tempo, contribui para alimentar a civilização do amor; quando

---

16. João Paulo II, *Udienza Generale,* 16 de janeiro de 1980: «L'Osservatore Romano», ed. it., 17 de janeiro de 1980, p. 1.

17. *Orientações Educativas sobre o Amor Humano,* n. 6.

pelo contrário falta o sentido e o significado do dom na sexualidade, acontece «uma civilização das "coisas" e não das "pessoas"; uma civilização onde as pessoas se usam como se usam as coisas. No contexto da civilização do desfrutamento, a mulher pode tornar-se para o homem um objeto, os filhos um obstáculo para os pais».[18]

12. No centro da consciência cristã dos pais e dos filhos coloca-se esta grande verdade e este fato fundamental: *o dom de Deus*. Trata-se do dom que Deus fez chamando-nos à vida e a existir como homem ou mulher numa existência irrepetível e carregada de inexauríveis possibilidades de desenvolvimento espiritual e moral: «*A vida humana é um dom recebido a fim de, por sua vez, ser dado*».[19] «O dom revela, por assim dizer, uma característica particular da existência pessoal, ou antes, da própria essência da pessoa. Quando Deus (Javé) diz que 'não é bom que o homem esteja só' (Gn 2,18), afirma que 'sozinho' o homem não realiza totalmente esta essência. Realiza-a somente existindo 'com alguém' — e ainda mais profundamente e mais completamente: existindo 'para alguém'».[20] É na abertura ao outro e no dom de si que se realiza o amor conjugal sob a forma de doação total que é própria deste estado. E é sempre no

18. Carta às Famílias *Gratissimam Sane,* n. 13.
19. João Paulo II, Carta encíclica *Evangelium Vitae,* 25 de março de 1995, Libreria Editrice Vaticana, n. 92.
20. João Paulo II, *Udienza generale,* 9 de janeiro de 1980: «L'Osservatore Romano», ed. it., 10 de janeiro de 1980, p. 1.

dom de si, apoiado por uma graça especial que tem significado a vocação à vida consagrada, «forma eminente de se entregar mais facilmente a Deus só, com um coração indiviso»[21] para o servir mais plenamente na Igreja. Em todas as condições e estados de vida, todavia, este dom torna-se ainda mais admirável pela graça redentora, pela qual nos tornamos «participantes da natureza divina» (2Pd 1,4) e somos chamados a viver juntos a comunhão sobrenatural de caridade com Deus e com os irmãos. Os pais cristãos, até nas situações mais delicadas, não podem esquecer que, como fundamento de toda a história pessoal e doméstica, está o dom de Deus.

13. «Enquanto espírito encarnado, isto é, alma que se exprime no corpo informado por um espírito imortal, o homem é chamado ao amor nesta sua totalidade unificada. O amor abraça também o corpo humano e o corpo torna-se participante do amor espiritual».[22] À luz da Revelação cristã lê-se o significado interpessoal da própria sexualidade: «A sexualidade caracteriza o homem e a mulher não somente no plano físico, como também no psicológico e espiritual, marcando toda a sua expressão. Esta diversidade, que tem como fim a complementaridade dos dois sexos, permite responder plenamente ao desígnio de Deus conforme a vocação à qual cada um é chamado».[23]

21. *Catecismo da Igreja Católica*, n. 2349.
22. *Familiaris Consortio*, n. 11.
23. *Orientações Educativas sobre o Amor Humano*, n. 4.

O amor conjugal

14. Quando o amor é vivido no matrimônio, ele compreende e ultrapassa a amizade e realiza-se entre um homem e uma mulher que se dão na totalidade, respectivamente segundo a própria masculinidade e feminilidade, fundando com o pacto conjugal aquela comunhão de pessoas na qual Deus quis que fosse concebida, nascesse e se desenvolvesse a vida humana. A este amor conjugal, e somente a este, pertence a doação sexual, que se «realiza de maneira verdadeiramente humana, somente se é parte integral do amor com o qual homem e mulher se empenham totalmente um para com o outro até à morte».[24] *O Catecismo da Igreja Católica* recorda: «No matrimônio a intimidade corporal dos esposos torna-se sinal e penhor de comunhão espiritual. Entre os batizados, os laços do matrimônio são santificados pelo sacramento».[25]

O amor aberto à vida

15. Sinal revelador da autenticidade do amor conjugal é a abertura à vida: «Na sua realidade mais profunda, o amor é essencialmente dom e o amor conjugal, enquanto conduz os esposos ao 'conhecimento' recíproco..., não se esgota no interior do pró-

---

24. *Familiaris Consortio,* n. 11.
25. *Catecismo da Igreja Católica,* n. 2360.

prio casal, já que os habilita para a máxima doação possível, pela qual se tornam cooperadores com Deus no dom da vida a uma nova pessoa humana. Deste modo os cônjuges, enquanto se doam entre si, doam para além de si mesmos a realidade do filho, reflexo vivo do seu amor, sinal permanente da unidade conjugal e síntese viva e indissociável do ser pai e mãe».[26] É a partir desta comunhão de amor e de vida que os cônjuges atingem aquela riqueza humana e espiritual e aquele clima positivo que lhes permite oferecer aos filhos o apoio da educação para o amor e a castidade.

---

26. *Familiaris Consortio*, n 14.

II
AMOR VERDADEIRO E CASTIDADE

16. Tanto o amor virginal como o amor conjugal que são, como diremos mais adiante, as duas formas pelas quais se realiza a vocação da pessoa ao amor, requerem para o seu desenvolvimento o empenho em viver a castidade, para cada um conforme o próprio estado. A sexualidade — como diz o *Catecismo da Igreja Católica* — «torna-se pessoal e verdadeiramente humana quando integrada na relação de pessoa a pessoa, no dom mútuo, por inteiro e temporalmente ilimitado, do homem e da mulher».[27] É óbvio que o crescimento no amor, enquanto implica o dom sincero de si, é ajudado pela disciplina dos sentimentos, das paixões e dos afetos que nos faz chegar ao autodomínio. Ninguém pode dar aquilo que não possui: se a pessoa não é senhora de si — por meio da virtude e, concretamente, da castidade — falta-lhe aquele autodomínio que a torna capaz de se dar. *A castidade é a energia espiritual que liberta o amor do egoísmo e da agressividade.* Na medida em que, no ser humano, a castidade enfraquece, nessa mesma medida o seu amor se torna progressivamente egoísta, isto é, a satisfação de um desejo de prazer e já não dom de si.

27. *Catecismo da Igreja Católica*, n. 2337.

A castidade como dom de si

17. A castidade é a afirmação cheia de alegria de quem sabe viver o dom de si, livre de toda a escravidão egoísta. Isto supõe que a pessoa tenha aprendido a reparar nos outros, a relacionar-se com eles respeitando a sua dignidade na diversidade. A pessoa casta não é centrada em si mesma, nem tem um relacionamento egoísta com as outras pessoas. A castidade torna harmônica a personalidade, fá-la amadurecer e enche-a de paz interior. Esta pureza de mente e de corpo ajuda a desenvolver o verdadeiro respeito de si mesmo e ao mesmo tempo torna capaz de respeitar os outros, porque faz ver neles pessoas dignas de veneração enquanto criadas à imagem de Deus e, pela graça, filhos de Deus, novas criaturas em Cristo que «vos chamou das trevas à sua luz admirável» (1Pd 2,9).

O domínio de si

18. «A castidade supõe uma *aprendizagem do domínio de si,* que é uma pedagogia da liberdade humana. A alternativa é clara: ou o homem comanda as suas paixões e alcança a paz, ou se deixa comandar por elas e torna-se infeliz».[28] Todas as pessoas sabem, até por experiência, que a castidade exige que se evitem certos pensamentos, palavras e ações pe-

28. *Ibid,* n. 2339.

caminosas, como S. Paulo teve o cuidado de esclarecer e recordar (cf. Rm 1,18; 6,12-14; 1Cor 6,9-11; 2Cor 7,1; Gl 5,16-23; Ef 4,17-24; 5,3-13; Cl 3,5-8; 1Ts 4,1-18; 1Tm 1,811; 4,12). Por isso se requer uma capacidade e *uma atitude de domínio de si* que são sinal de liberdade interior, de responsabilidade para consigo mesmo e para com os outros e, ao mesmo tempo, testemunham uma consciência de fé; este domínio de si comporta tanto o evitar as ocasiões de provocação e de incentivo ao pecado, como o saber superar os impulsos instintivos da própria natureza.

19. Quando a família realiza uma obra de válido apoio educativo e encoraja o exercício de todas as virtudes, a educação para a castidade é facilitada e liberta de *conflitos interiores,* mesmo que em certos momentos os jovens possam observar situações de particular delicadeza.

Para alguns, que se encontram em ambientes onde se ofende e se deprecia a castidade, viver de modo casto pode exigir uma luta dura, às vezes heróica. De qualquer maneira, com a graça de Cristo, que brota do seu amor esponsal pela Igreja, todos podem viver castamente mesmo que se encontrem em ambientes pouco favoráveis.

O próprio fato de todos serem chamados à santidade, como recorda o Concílio Vaticano II, torna mais fácil de compreender que, tanto no celibato quanto no matrimônio, possam existir — e até, de *fato* acontecem a todos, de um modo ou de outro, por períodos mais breves ou de mais longa duração — situações em que são indispensáveis atos heróicos de virtude.[29] Também a vida matrimonial implica, por isso, um caminho alegre e exigente de santidade.

A castidade conjugal

20. «As pessoas casadas são chamadas a viver a castidade conjugal; as outras praticam a castidade na continência».[30] Os pais sabem que o pressuposto mais válido para educar os filhos para o amor casto e para a santidade de vida consiste em *viverem eles mesmos a castidade conjugal*. Isto comporta que eles estejam conscientes de que no seu amor está presente o amor de Deus e, por isso, também a sua doação sexual deverá ser vivida no respeito de Deus e do seu desígnio de amor, com fidelidade, honra e generosidade para com o cônjuge e para com a vida que pode surgir do seu gesto de amor. Só dessa maneira ela se pode tornar expressão de caridade;[31] portanto, o cristão no matrimônio é chamado a viver essa doação dentro da própria relação pessoal com Deus, como

---

29. Cf. João Paulo II, *Discurso* aos participantes do Seminário sobre «A Procriação Responsável», promovido pela «Università Cattolica del Sacro Cuore» e pelo «Istituto Giovanni Paolo II», 17 de setembro de 1983: *Insegnamenti di Ciovanni Paolo II*, Vol. VI/2, p. 564.

30. *Catecismo da Igreja Católica*, n. 2349.

31. Ver n. 54.

expressão da sua fé e do seu amor para com Deus e assim com a fidelidade e a generosa fecundidade que caracterizam o amor divino.[32]

Só assim ele responde ao amor de Deus e cumpre a sua vontade, que os mandamentos nos ajudam a conhecer. Não há um amor legítimo que não seja, no seu mais alto nível, também amor de Deus. Amar o Senhor implica responder positivamente aos seus mandamentos: «Se me amardes, observareis os meus mandamentos» (Jo 14,15).[33]

21. Para viver a castidade o homem e a mulher têm necessidade da *contínua iluminação do Espírito Santo*. «No centro da espiritualidade conjugal está... a castidade, não só como virtude moral (formada pelo amor), mas igualmente como virtude ligada aos dons do Espírito Santo — *antes de mais ao dom do respeito por aquilo que vem de Deus (donum pietatis)...* Assim, pois, a ordem interior da convi-

---

32. Cf. Paulo VI, Carta encíclica *Humanae Vitae*, 25 de julho de 1968: *AAS* 60 (1968), pp. 485 e 486, nn. 8 e 9.

33. Não fazê-lo é sempre um engano, como observa S. João de Ávila: alguns estão tão ofuscados que «crêem que se o coração se move a fazer qualquer obra, devem fazê-la mesmo que seja contrária aos mandamentos de Deus. Esquecem assim que o Filho de Deus pregou com a própria boca exatamente o contrário: *quem acolhe os meus mandamentos e os observa, esse me ama (Jo 14-21); se alguém me ama, observará a minha palavra (Jo 14, 23)*. E, *quem não me ama, não observa as minhas palavras*. Assim, faz compreender com clareza que aquele que não observa as suas palavras não tem nem a sua amizade nem o seu amor. Como diz Santo Agostinho: "Ninguém pode amar o rei, se aborrece os seus mandamentos"» *(Audi filia, c. 50).*

vência conjugal, que consente que as "manifestações afetivas" se desenvolvam segundo a sua justa proporção e significado, é fruto não só *da virtude* na qual os cônjuges *se exercitam*, mas também *dos dons* do Espírito Santo *com que colaboram*».[34]

Por um lado, os pais, persuadidos de que a sua própria vida de castidade e o esforço de testemunharem no dia-a-dia a santidade constituem o pressuposto e a condição para a sua obra educativa, devem ainda considerar qualquer ataque à virtude e à castidade dos seus filhos como *uma ofensa à própria vida de fé e uma ameaça de empobrecimento para a sua comunhão de vida e de graça* (cf. Ef 6,12).

A educação para a castidade

22. A educação dos filhos para a castidade pretende atingir três objetivos: *a)* conservar na família *um clima positivo de amor, de virtude e de respeito pelos dons de Deus*, em particular pelo dom da vida;[35] *b)* ajudar gradualmente os filhos a compreenderem *o valor da sexualidade e da castidade* apoiando o seu crescimento com o esclarecimento, o exemplo e a oração; c) ajudá-los a compreender e a descobrir *a própria vocação ao matrimônio ou à virgindade*

---

34. João Paulo II, *Udienza generale*, 14 de novembro de 1984: *Insegnamenti di Giovanni Paolo II*, Vol. VII/2, p. 1208.

35. Cf. *Evangelium Vitae*, n. 97.

consagrada pelo Reino dos céus em harmonia e no respeito pelas suas atitudes, inclinações e dons do Espírito.

23. Esta tarefa pode ser coadjuvada por outros educadores, mas não pode ser substituída se não por graves razões de incapacidade física ou moral. Sobre este ponto, o Magistério da Igreja exprimiu-se claramente,[36] em relação a todo o processo educativo dos filhos: «Esta tarefa educacional (dos pais) reveste-se de tanta importância que, onde quer que falhe, dificilmente poderá ser suprida. É assim dever dos pais criar um ambiente tal de família, animado pelo amor, pela dedicação a Deus e aos homens, que favoreça a completa educação pessoal e social dos filhos. A família é pois a primeira escola de virtudes sociais de que precisam todas as sociedades».[37] A educação, de fato, compete aos pais enquanto a obra educadora é continuação da geração e é *prolongamento da sua humanidade*[38] pela qual se empenharam solenemente no próprio momento da celebração do seu matrimônio. «Os *pais* são *os primeiros e principais educadores* dos próprios filhos e têm também neste campo uma *competência fundamental:* são *educadores porque pais.*

---

36. Cf. *Familiaris Consortio,* nn. 36-37.
37. Concílio Vaticano II, Declaração sobre a educação cristã *Gravissimum Educationis,* n. 3.
38. Carta às Famílias *Gratissimam Sane,* n. 16.

Eles partilham a sua missão educadora com outras pessoas e instituições, tais como a Igreja e o Estado; todavia, isto deve verificar-se sempre na correta aplicação do *princípio da subsidiariedade*. Este implica a legitimidade e mesmo o ônus de oferecer uma ajuda aos pais, mas encontra no direito prevalecente deles e nas suas efetivas possibilidades o seu limite intrínseco e intransponível. O princípio da subsidiariedade põe-se, assim, ao serviço do amor dos pais, indo ao encontro do bem do núcleo familiar. Na verdade, os pais não são capazes de satisfazer por si sós a todas as exigências do processo educativo inteiro, especialmente no que toca à instrução e ao amplo setor da sociabilização. A subsidiariedade completa assim o amor paterno e materno, confirmando o seu caráter fundamental, porque qualquer outro participante no processo educativo não pode operar senão *em nome dos pais, com o seu consenso* e, em certa medida, até mesmo *por seu encargo*».[39]

24. Em particular, a proposta educativa sobre o tema da sexualidade e do amor verdadeiro, aberto ao dom de si, deve confrontar-se hoje com uma cultura que está orientada para o positivismo, como recorda o Santo Padre na *Carta às Famílias:* «O desenvolvimento da civilização contemporânea está ligado a um progresso científico-tecnológico que se realiza de modo freqüentemente unilateral, apresentando por conseguinte características puramente positivistas. O

39. *Ibid.*

positivismo, como se sabe, tem como frutos o agnosticismo no campo teórico e o utilitarismo no campo prático e ético... O *utilitarismo* é uma civilização que tende a produzir e a desfrutar, uma civilização das "coisas" e não das "pessoas"; uma civilização onde as pessoas se usam como se usam as coisas... Para convencer-se disto, basta examinar — acentua ainda o Santo Padre — *certos programas de educação sexual,* introduzidos nas escolas, não obstante o freqüente parecer contrário e até os protestos de muitos pais».[40]

Em tal contexto é necessário que os pais, tirando proveito do ensinamento da Igreja, e com o seu apoio, reivindiquem a si esta tarefa e, associando-se onde for necessário ou conveniente, desenvolvam uma ação educativa marcada pelos verdadeiros valores da pessoa e do amor cristão tomando uma posição clara que supere o utilitarismo ético. Para que a educação corresponda aos objetivos exigentes do verdadeiro amor, os pais devem exercê-la na sua responsabilidade autônoma.

25. Também em relação à preparação para o matrimônio, o ensinamento da Igreja recorda que a família deve continuar a ser a protagonista principal em tal obra educativa.[41]

Certamente «as mudanças verificadas no seio de quase todas as sociedades modernas exigem que

---

40. *Ibid., n. 13.*
41. Cf. *Familiaris Consortio,* n. 66.

não só a família, mas também a sociedade e a Igreja se empenhem no esforço de preparar adequadamente os jovens para as responsabilidades do seu futuro».[42] É mesmo por isto que adquire ainda mais relevo a tarefa educativa da família desde os primeiros anos: «*A preparação remota* tem início desde a infância, naquela sábia pedagogia familiar, orientada a conduzir as crianças a descobrir-se a si mesmas como seres dotados de uma rica e complexa psicologia e de uma personalidade particular com as forças e fragilidades próprias».[43]

---

42. *Ibid.*
43. *Ibid.*

III
NO HORIZONTE VOCACIONAL

26. A família exerce *um papel decisivo* no desabrochar de todas as vocações e no seu desenvolvimento, como ensinou o Concílio Vaticano II: «Do matrimônio procede a família, onde nascem os novos cidadãos da sociedade humana, que pela graça do Espírito Santo se tornam filhos de Deus no batismo, para que o Povo de Deus se perpetue no decurso dos tempos. É necessário que nesta espécie de Igreja doméstica os pais sejam para os filhos, pela palavra e pelo exemplo, os primeiros mestres da fé. E favoreçam a vocação própria de cada um, especialmente a vocação sagrada».[44] Antes, o sinal de uma pastoral familiar adequada é o próprio fato de florescerem as vocações: «Onde existe uma pastoral da família esclarecida e eficaz, como é natural que se acolha com alegria a vida, assim é mais fácil que ressoe nela a voz de Deus e essa voz seja mais generosamente escutada».[45]

Quer se trate de vocações ao matrimônio ou à virgindade e ao celibato, são sempre vocações à san-

---

44. *Lumen Gentium*, n. 11.
45. Cf. João Paulo II, *Discurso* à XVI Assembléia Geral da C.E.I., 15 de maio de 1979: «L'Osservatore Romano», ed. it., 17 de maio de 1979, p. 2.

tidade. Com efeito, o documento do Concílio Vaticano II *Lumen Gentium* expõe o seu ensinamento acerca do *apelo universal à santidade:* «Munidos de tantos e tão salutares meios de salvação, todos os cristãos de qualquer condição ou estado são chamados pelo Senhor, cada um por seu caminho, à perfeição da santidade pela qual é perfeito o próprio Pai».[46]

1. A vocação ao matrimônio

27. A formação para o verdadeiro amor é a melhor preparação para a vocação ao matrimônio. Na família, as crianças e os jovens poderão aprender a viver a sexualidade humana com a densidade e no contexto de uma vida cristã. As crianças e os jovens podem descobrir gradualmente que um sólido matrimônio cristão não pode ser considerado o resultado de conveniências ou de mera atração sexual. Pelo fato de ser uma *vocação,* o matrimônio não pode deixar de envolver uma escolha bem meditada, um empenho mútuo diante de Deus, e a súplica constante da sua ajuda através da oração.

Chamados ao amor conjugal

28. Os pais cristãos, empenhados na tarefa de educar os filhos para o amor, podem fazer referência,

---

46. *Lumen Gentium,* n. 11.

antes de mais, à consciência que têm do seu amor conjugal. Como recorda a Encíclica *Humanae Vitae,* esse amor «exprime a sua verdadeira natureza e nobreza quando se considera na sua fonte suprema, Deus, que é Amor (cf. 1Jo 4,8), "o Pai, do qual toda a paternidade no céu e na terra toma o nome" (cf. Ef 3,15). O matrimônio não é, portanto, fruto do acaso ou produto de forças naturais inconscientes: é uma instituição sapiente e providente do Criador, para realizar na humanidade o seu desígnio de amor. Mediante a doação pessoal recíproca que lhes é própria e exclusiva, os esposos tendem para a comunhão das pessoas, em vista de um aperfeiçoamento mútuo, para colaborarem com Deus na geração e educação de novas vidas. Para os batizados, porém, o matrimônio reveste a dignidade de sinal sacramental da graça, enquanto representa a união de Cristo e da Igreja».[47]

Em sua *Carta às Famílias,* o Santo Padre lembra que «a família é... uma comunidade de pessoas, para quem o modo próprio de existirem e viverem juntas é a comunhão: *communio personarum*»;[48] e, remetendo-se ao ensinamento do Concílio Vaticano II, o Santo Padre recorda que tal comunhão comporta «alguma semelhança entre a união das Pessoas divinas e a união dos filhos de Deus na verdade e na caridade».[49] «Esta formulação, particularmente rica e sugestiva, confirma sobretudo o que decide a iden-

---

47. *Humanae Vitae,* n. 8.
48. Carta às Famílias *Gratissimam Sane,* n. 7.
49. *Gaudium et Spes,* n. 24.

tidade íntima de cada homem e de cada mulher. Tal identidade consiste *na capacidade de viver na verdade e no amor;* melhor ainda, consiste na necessidade da verdade e do amor qual dimensão constitutiva da vida da pessoa. Essa necessidade de verdade e de amor abre o homem quer a Deus quer às criaturas: abre-o às outras pessoas, à vida "em comunhão", em particular, ao matrimônio e à família».[50]

29. O amor conjugal, segundo o que afirma a Encíclica *Humanae Vitae,* tem *quatro características:* é amor *humano* (sensível e espiritual), é amor *total, fiel* e *fecundo.*[51]

Estas características fundamentam-se no fato de que «o homem e a mulher no matrimônio se unem entre si tão firmemente que se tornam — segundo as palavras do Livro do Gênesis — "uma só carne" (Gn 2,24). Homem e mulher por constituição física, os dois sujeitos humanos, apesar de somaticamente diferentes, *participam de modo igual da capacidade de viver "na verdade e no amor".* Esta capacidade, característica do ser humano enquanto pessoa, tem uma dimensão conjuntamente espiritual e corpórea... A família que daí deriva, obtém a sua solidez interior da aliança entre os cônjuges, que Cristo elevou a Sacramento. Ela recebe a própria índole comunitária, ou melhor, as suas características de "comunhão", daquela comunhão fundamental dos cônjuges que se

50. Carta às Famílias *Gratissimam Sane,* n. 8.
51. Cf. *Humanae Vitae,* n 9.

prolonga nos filhos. *"Estais dispostos a receber amorosamente da mão de Deus os filhos e a educá-los...?"* — pergunta o celebrante durante o rito do matrimônio. A resposta dos noivos corresponde à mais íntima verdade do amor que os une».[52] E com a mesma fórmula da celebração do matrimônio os esposos se empenham e prometem «ser fiéis para sempre»,[53] mesmo porque a fidelidade dos esposos deriva desta comunhão de pessoas que se firma no projeto do Criador, no Amor Trinitário e no Sacramento que exprime a união fiel de Cristo com a Igreja.

30. O matrimônio cristão é um *sacramento* pelo qual a sexualidade é integrada num caminho de santidade, com um vínculo reforçado na sua indissolúvel unidade: «O dom do sacramento é, ao mesmo tempo, vocação e dever dos esposos cristãos, para que permaneçam fiéis um ao outro para sempre, para além de todas as provas e dificuldades, em generosa obediência à santa vontade do Senhor: 'O que Deus uniu, o homem não separe'».[54]

Os pais enfrentam uma preocupação atual

31. Infelizmente hoje, mesmo nas sociedades cristãs, os pais têm motivo para se preocuparem acerca

52. Carta às Famílias *Gratissimam Sane*, n. 8.
53. *Rituale Romanum, Ordo celebrandi matrimonium*, n. 60.
54. *Familiaris Consortio*, n. 20, citando *Mt 19*, 6.

da *estabilidade dos futuros matrimônios dos filhos.* Devem, porém, reagir com otimismo, apesar do aumento de divórcios e a crescente crise das famílias, empenhando-se a dar a seus filhos uma profunda formação cristã que os torne capazes de superar as diferentes dificuldades. Concretamente, o amor pela castidade, para a qual os ajudarão a formar-se, favorece o mútuo respeito entre o homem e a mulher e dá capacidade de compaixão, ternura, tolerância, generosidade e, sobretudo, de espírito de sacrifício, sem o qual nenhum amor resiste. Os filhos chegarão assim ao matrimônio com aquela sabedoria realista de que fala S. Paulo, segundo o ensinamento do qual os esposos devem continuamente ganhar o amor um do outro e cuidar um do outro com mútua paciência e afeto (cf. 1Cor 7,3-6; Ef 5,21-23).

32. Mediante esta *remota formação à castidade em família,* os adolescentes e os jovens aprendem a viver a sexualidade na dimensão pessoal, recusando qualquer separação entre a sexualidade e o amor — entendido como doação de si — e o amor esponsal pela família.

O respeito dos pais para com a vida e para com o mistério da procriação evitará à criança e ao jovem a falsa idéia de que as duas dimensões do ato conjugal, unitiva e procriativa, se possam separar arbitrariamente. A família é reconhecida assim como parte inseparável da vocação ao matrimônio.

Uma educação cristã da castidade na família não pode deixar de mencionar a gravidade moral que comporta a separação da dimensão unitiva e da dimensão procriativa no âmbito da vida conjugal, o que se realiza sobretudo na contracepção e na procriação artificial: no primeiro caso, procura-se o prazer sexual intervindo sobre a expressão do ato conjugal para se evitar a concepção; no segundo caso, procura-se a concepção substituindo o ato conjugal por uma técnica. Isto é contrário à verdade do amor conjugal e à plena comunhão esponsal.

Assim, a formação dos jovens para a castidade deverá tornar-se uma preparação para a paternidade e para a maternidade responsáveis, que «dizem respeito diretamente ao momento em que o homem e a mulher, unindo-se "em uma só carne", podem tornar-se pais. É um momento rico de um valor peculiar seja pela sua relação interpessoal seja pelo seu serviço à vida: eles podem tornar-se pais — pai e mãe — comunicando a vida a um novo ser humano. As *duas dimensões da união conjugal,* a dimensão unitiva e a dimensão procriativa, *não podem ser separadas artificialmente* sem ofender a verdade íntima do próprio ato conjugal».[55]

É necessário também apresentar aos jovens as conseqüências, cada vez mais graves, que derivam da separação entre a sexualidade e a procriação quando se chega a praticar a esterilização e o aborto, ou a

---

55. Carta às Famílias *Gratissimam Sane,* n. 12; cf. *Humanae Vitae,* n. 12; *Catecismo da Igreja Católica,* n. 2366.

seguir a prática da sexualidade mesmo dissociada do amor conjugal, antes e fora do matrimônio.

Deste momento educativo que se coloca no desígnio de Deus, na própria estrutura da sexualidade, na natureza íntima do matrimônio e da família, depende grande parte da ordem moral e da harmonia conjugal da família e, por isso, dele depende também o verdadeiro bem da sociedade.

33. Os pais que exercem o seu direito e dever de formar os filhos para a castidade podem estar certos de os ajudar na formação de famílias estáveis e unidas antecipando assim, na medida do possível, as alegrias do Paraíso: «Donde me será dado expor a felicidade do matrimônio unido pela Igreja, confirmado pela oblação eucarística, selado pela bênção, que os anjos anunciam e o Pai ratifica?... Os dois esposos são como irmãos e servem conjuntamente sem divisão quanto ao espírito, quanto à carne... Neles Cristo se alegra e lhes envia a sua paz; onde estão dois, aí se encontra ele também, e, onde ele está, já não pode estar o mal».[56]

2. A vocação à virgindade e ao celibato

34. A Revelação cristã apresenta as duas vocações ao amor: *o matrimônio e a virgindade*. Não é raro

56. Cf. Tertuliano, *Ad uxorem*, II, VIII, 6-8: *CCL* 1, 393-394; cf. *Familiaris Consortio*, n. 13.

que, em algumas sociedades atuais estejam em crise não só o matrimônio e a família, mas também as vocações ao sacerdócio e à vida religiosa. As duas situações são inseparáveis: «Quando não se tem apreço pelo matrimônio, não tem lugar a virgindade consagrada; quando a sexualidade humana não é considerada um grande valor dado pelo Criador, perde significado a renúncia pelo Reino dos Céus».[57]

À desagregação da família segue-se a falta de vocações; por outro lado, onde os pais são generosos para acolher a vida, é mais fácil que o sejam também os filhos quando se trata de a oferecer a Deus: «É preciso que as famílias voltem a exprimir *amor generoso pela vida* e se ponham a seu serviço acima de tudo acolhendo, com sentido de responsabilidade não desligado de serena confiança, os filhos que o Senhor quiser dar»; e completem este acolhimento não só «com uma contínua *ação educativa,* mas também com o *devido empenho* em ajudar sobretudo os adolescentes e os jovens *a colher a dimensão vocacional de toda a existência,* dentro do plano de Deus... A vida humana adquire plenitude quando se torna *dom de si:* um dom que se pode exprimir no *matrimônio,* na *virgindade consagrada,* na *dedicação ao próximo* por um ideal, na *escolha do sacerdócio ministerial. Os* pais servirão verdadeiramente a vida dos seus filhos, se os ajudarem *a fazer da própria existência um dom,* respeitando as suas escolhas ma-

---

57. *Familiaris Consortio,* n. 16.

duras e promovendo com alegria cada vocação, mesmo a vocação religiosa e sacerdotal».[58]

Por esta razão, quando trata da educação sexual na *Familiaris Consortio*, o Papa João Paulo II afirma: «Os pais cristãos reservarão uma particular atenção e cuidado, discernindo os sinais do chamado de Deus, para a educação para a virgindade, como forma suprema daquele dom de si que constitui o sentido próprio da sexualidade humana».[59]

Os pais e as vocações sacerdotais e religiosas

35. Os pais devem por isso alegrar-se se vêem em algum dos filhos os sinais do chamado de Deus à vocação mais alta da virgindade ou do celibato por amor do Reino dos Céus. Deverão então adaptar a formação para o amor casto às necessidades daqueles filhos, encorajando-os no seu caminho até ao momento da entrada no seminário ou na casa de formação, ou então até ao amadurecimento desta específica vocação ao dom de si com coração indiviso. Deverão respeitar e apreciar a liberdade de cada um dos filhos, encorajando a sua vocação pessoal, sem tentar impor-lhes uma determinada vocação.

---

58. João Paulo II, *Discurso* aos participantes no Convênio sobre «Famílias ao serviço da vida», promovido pela Comissão Episcopal da C.E.I., 28 de abril de 1990: *Insegnamenti di Giovanni Paolo II*, Vol. XII/1, pp. 1055-1056.

59. *Familiaris Consortio*, n. 37.

O Concílio Vaticano II recorda claramente esta peculiar e honrosa tarefa dos pais, apoiados na sua obra pelos professores e pelos sacerdotes: «Os pais, ao educarem os filhos nos costumes cristãos, cultivem e protejam em seus corações a vocação religiosa».[60] «O incentivo das vocações sacerdotais é um dever de toda a comunidade cristã...; concorrem de modo especial para isso as famílias que, animadas pelo espírito de fé, de caridade e de piedade, se tornam como que um primeiro seminário, e as paróquias, de cuja vida fecunda participam os próprios adolescentes».[61] «Pais e mestres e todos a quem de qualquer forma incumbe o dever de educar os rapazes e jovens ensinem-nos de tal forma que conheçam a solicitude do Senhor para com o seu rebanho, pesem as necessidades da Igreja e se disponham a responder generosamente ao chamado do Senhor, com o profeta: "Aqui estou, envia-me" (Is 6,8)».[62]

Este contexto familiar necessário para o amadurecimento das vocações religiosas e sacerdotais evoca a grave situação de muitas famílias, especialmente em certos países, que são pobres de vida, porque voluntariamente privadas de filhos ou com um filho único, nas quais é bem difícil que surjam vocações e até que se possa dar uma plena educação social.

---

60. Concílio Vaticano II, Decreto sobre a renovação da vida religiosa *Perfectae Caritatis,* n. 24.

61. Concílio Vaticano II, Decreto sobre a formação sacerdotal *Optatam Totius,* n. 2.

62. Concílio Vaticano II, Decreto sobre a vida dos presbíteros *Presbyterorum Ordinis,* n. 11.

36. Além disso, a família verdadeiramente cristã tornar-se-á capaz de fazer compreender o valor do celibato cristão e da castidade também àqueles filhos não casados ou que não possam casar por motivos independentes à sua vontade. Se forem bem formados desde crianças e na juventude, estarão em condições de enfrentar a própria situação mais facilmente. Antes, poderão retamente descobrir a vontade de Deus em tal situação e encontrar um sentido de vocação e de paz na sua vida.[63] A estas pessoas, especialmente se portadoras de alguma deficiência física, será preciso revelar as grandes possibilidades de realização de si e de fecundidade espiritual abertas a quem, apoiado pela fé e pelo Amor de Deus, se empenha em ajudar os irmãos mais pobres e mais necessitados.

---

63. *Cf. Familiaris Consortio*, n. 16.

IV
PAI E MÃE COMO EDUCADORES

37. Deus, concedendo aos cônjuges o privilégio e a grande responsabilidade de se tornarem pais, dá-lhes a graça para cumprirem adequadamente a sua missão. Além disso, os pais na tarefa de educar os filhos são iluminados por «duas verdades fundamentais: a primeira é que o homem é chamado a viver na verdade e no amor; a segunda é que cada homem se realiza através do dom sincero de si».[64] Como esposos, pais e ministros da graça sacramental do matrimônio, os pais são sustentados, dia após dia, com energias especiais de ordem espiritual, por Jesus Cristo, que ama e nutre a Igreja, sua Esposa.

Enquanto cônjuges, tornados «uma só carne» pelo vínculo do matrimônio, partilham o dever de formar os filhos mediante uma pronta colaboração alimentada por um diálogo mútuo e vigoroso, que «tem uma nova e específica fonte no sacramento do matrimônio, que os consagra para a educação propriamente cristã dos filhos, isto é, que os chama a participar da mesma autoridade e do mesmo amor de Deus Pai e de Cristo Pastor, como também do amor materno da Igreja, e os enriquece de sabedoria, con-

---

64. Carta às Famílias *Gratissimam Sane,* n. 16.

selho, fortaleza e de todos os outros dons do Espírito Santo para ajudarem os filhos no seu crescimento humano e cristão».[65]

38. No contexto da formação à castidade, a «paternidade-maternidade» inclui evidentemente *o pai que fica só* e também os *pais adotivos*. A tarefa do pai que fica só não é certamente fácil, porque lhe falta o apoio do outro cônjuge e, com ele o papel e o exemplo de uma pessoa do outro sexo. Deus, porém, ajuda os pais sós com um amor especial, chamando-os a enfrentar esta tarefa com a mesma generosidade e sensibilidade com que amam e cuidam dos seus filhos nos outros aspectos da vida familiar.

39. Há outras pessoas chamadas em certos casos a tomar o lugar dos pais: aqueles que assumem de modo permanente o papel de pais, por exemplo, em relação às crianças órfãs ou abandonadas. Sobre elas recai o dever de formar as crianças e os jovens no sentido global e também na castidade e receberão a graça de estado para o fazer segundo os mesmos princípios que guiam os pais cristãos.

40. Os pais nunca se devem sentir sós neste empenho. A Igreja apóia-os e encoraja-os, confiante de que podem desempenhar esta função melhor do que qualquer outra pessoa. Ela conforta igualmente aqueles homens ou aquelas mulheres que, muitas vezes

---

65. *Familiaris Consortio*, n. 38.

com grande sacrifício, dão às crianças órfãs uma forma de amor paterno e de vida familiar. Contudo, todos se devem aproximar de tal dever em espírito de oração, abertos e obedientes às verdades morais de fé e de razão que integram o ensinamento da Igreja, e considerando sempre as crianças e os jovens como pessoas, filhos de Deus e herdeiros do Reino dos Céus.

Os direitos e deveres dos pais

41. Antes de entrar nos pormenores práticos da formação dos jovens para a castidade, é de extrema importância que os pais conheçam os seus *direitos e deveres,* em particular diante de um Estado e de uma escola que tendem a tomar a iniciativa em matéria de educação sexual.

Na *Familiaris Consortio,* o Santo Padre João Paulo II reafirma-o: «O direito dever educativo dos pais qualifica-se como *essencial,* ligado como está à transmissão da vida humana; como *original e primário,* em relação ao dever de educar dos outros, pela unicidade da relação de amor que subsiste entre pais e filhos; como *insubstituível e inalienável,* e portanto, não delegável totalmente a outros ou por outros usurpável»;[66] exceto no caso, mencionado no início, da impossibilidade física ou psíquica.

---

66. *Familiaris Consortio,* n. 36.

42. Esta doutrina apóia-se nos ensinamentos do Concílio Vaticano II[67] e é também proclamada na *Carta dos Direitos da Família:* «Tendo dado a vida aos seus filhos, os pais têm o direito original, primário e inalienável de os educar; eles... têm o direito de educar os seus filhos em conformidade com as suas convicções morais e religiosas, tendo em conta as tradições culturais da família que favoreçam o bem e a dignidade da criança; devem, além disso, receber da sociedade o auxílio e a assistência necessários para desempenharem convenientemente o seu papel educativo».[68]

43. O Papa insiste no fato de que isto vale particularmente a respeito da sexualidade: «A educação sexual, direito e dever fundamental dos pais, deve realizar-se sempre sob a sua solícita orientação, quer em casa quer nos centros educacionais escolhidos e controlados por eles. Neste sentido a Igreja reafirma a lei da subsidiariedade, que a escola deve observar quando coopera na educação sexual, ao imbuir-se do mesmo espírito que anima os pais».[69]

O Santo Padre acrescenta: «Pelos laços estreitos que ligam a dimensão sexual da pessoa e os seus valores éticos, o dever educativo deve conduzir os filhos a conhecer e a estimar as normas morais como

---

67. Cf. *Gravissimum Educationis,* n. 3.

68. *Carta dos Direitos da Família* apresentada pela Santa Sé, 22 de outubro de 1983, art. 5.

69. *Familiaris Consortio,* n. 37; veja-se *Carta dos Direitos da Família,* art. 5c.

necessária e preciosa garantia para um crescimento pessoal responsável na sexualidade humana».[70] Ninguém está em condições de realizar melhor a educação moral, neste campo delicado, do que os pais, devidamente preparados.

O significado do dever dos pais

44. Este direito implica também um *dever educativo:* se realmente não conferem uma adequada formação à castidade, os pais faltam a um seu dever específico; e eles não deixariam de ser culpados se tolerassem que uma formação imoral ou inadequada fosse dada aos filhos fora de casa.

45. Este dever encontra hoje uma dificuldade particular até em relação à difusão, através dos meios de comunicação social, da pornografia, inspirada em critérios comerciais e que deforma a sensibilidade dos adolescentes. A este respeito, é necessário, da parte dos pais, um duplo cuidado: uma educação preventiva e crítica em relação aos filhos e uma ação de corajosa denúncia junto às autoridades. Os pais, individualmente ou associados entre si, têm o direito e o dever de promover o bem dos seus filhos e de exigir das autoridades leis que previnam e reprimam a exploração da sensibilidade das crianças e dos adolescentes.[71]

---

70. *Familiaris Consortio,* n. 37.

71. Outro problema delicado e complexo do ponto de vista da educação dos filhos, que não é possível tratar adequadamente neste

46. O Santo Padre sublinha este dever dos pais delineando a sua orientação e objetivo: «Diante do uma cultura que "banaliza" em grande parte a sexualidade humana, porque a interpreta e a vive de maneira limitada e empobrecida coligando-a unicamente ao corpo e ao prazer egoístico, o serviço educativo dos pais deve dirigir-se com firmeza para uma cultura sexual que seja verdadeira e plenamente pessoal. A sexualidade, com efeito, é uma riqueza de toda a pessoa — corpo, sentimento e alma — e manifesta o seu significado íntimo ao levar a pessoa ao dom de si no amor».[72]

47. Não podemos esquecer, contudo, que se trata de um direito-dever, o direito-dever de educar, no qual os pais cristãos no passado repararam e exercitaram pouco, talvez porque o problema não tinha a mesma gravidade de hoje; ou porque a sua tarefa era em parte substituída pelos modelos sociais dominan-

---

documento, é o problema relativo à transmissão da AIDS por meio do uso da droga ou por via sexual. As Igrejas locais estão empenhadas em múltiplas ações assistenciais em apoio às vítimas e pela prevenção.

Pelo que se refere em particular à prevenção da AIDS, deve-se promover o valor de uma sexualidade ordenada e orientada para a família, e é necessário retificar o juízo difundido pelas campanhas de informação baseadas sobre o dito «sexo seguro» e a difusão dos meios de proteção (profilático). Tal colocação, em si contrária à moral, resulta mesmo ilusória e acaba por incrementar a promiscuidade e as relações livres com uma falsa idéia de segurança. Estudos objetivos e cientificamente rigorosos demonstraram a alta porcentagem de insucesso de tais meios.

72. *Familiaris Consortio*, n. 37.

tes e, além disso, pela complementaridade que neste campo exerciam a Igreja e a escola católica. Não é fácil para os pais assumir este empenho educativo, porque hoje se revela bastante complexo e maior que as próprias possibilidades da família, e porque na maioria dos casos não há a possibilidade de fazer referência à ação dos próprios pais.

Por isso, a Igreja considera seu dever contribuir, também com este documento, para dar de novo aos pais confiança nas suas capacidades e para os ajudar a desempenhar a sua tarefa.

V
ITINERÁRIOS FORMATIVOS NO SEIO DA FAMÍLIA

48. O ambiente da família é, portanto, *o lugar normal e ordinário* da formação das crianças e dos jovens para a consolidação e o exercício das virtudes da caridade, da temperança, da fortaleza e, portanto, da castidade. Como igreja doméstica, a família é, realmente, *uma escola de enriquecimento humano.*[73] Isto vale particularmente para a educação moral e espiritual, sobretudo sobre um ponto tão delicado como a castidade: nela, com efeito, se entrelaçam aspectos físicos, psíquicos e espirituais, acenos de liberdade e influxo dos modelos sociais, pudor natural e tendências fortes inatas no corpo humano; fatores que, todos eles, se encontram juntos com a consciência, mesmo que seja implícita, da dignidade da pessoa humana, chamada a colaborar com Deus e ao mesmo tempo marcada pela fragilidade. Numa família cristã os pais têm força para orientar os filhos para um verdadeiro amadurecimento cristão da sua personalidade, segundo a estatura de Cristo, no interior do seu Corpo místico que é a Igreja.[74]

---

73. Cf. *Gaudium et Spes*, n. 52.
74. Cf. *Familiaris Consortio*, nn. 39, 51-54.

A família, embora rica destas forças, tem necessidade de apoio, mesmo da parte do Estado e da sociedade, segundo o princípio de subsidiariedade: «Acontece... que quando a família decide corresponder plenamente à própria vocação, pode-se encontrar privada do apoio necessário por parte do Estado, e não dispõe de recursos suficientes. É urgente promover não apenas uma política para a família, mas também políticas sociais, que tenham como principal objetivo a própria família, ajudando-a, mediante a atribuição de recursos adequados e de instrumentos eficazes de apoio, quer na educação dos filhos quer no cuidado dos anciãos».[75]

49. Conscientes disto, e das dificuldades reais que hoje existem em não poucos países para os jovens, especialmente na presença de fatores de degradação social e moral, os pais são solicitados a *ousar pedir e propor mais*. Não podem contentar-se com evitar o pior — que os filhos se droguem, ou não cometam delitos —, mas deverão empenhar-se em educá-los para os valores da pessoa, renovados pelas virtudes da fé, da esperança e do amor: a liberdade, a responsabilidade, a paternidade e a maternidade, o serviço, o trabalho profissional, a solidariedade, a honestidade, a arte, o esporte, a alegria de se saberem filhos de Deus e, por isso, irmãos de todos os seres humanos etc.

75. João Paulo II, Carta encíclica *Centesimus Annus*, 1º de maio de 1991: *AAS* 83 (1991), p. 855, n. 49.

O valor essencial do lar

50. As ciências psicológicas e pedagógicas, nas suas mais recentes aquisições e experiência, concordam em sublinhar a importância decisiva, em ordem a uma educação sexual harmônica e válida, do *clima afetivo que reina na família,* especialmente nos primeiros anos da infância e da adolescência e talvez até na fase pré-natal, períodos em que se instauram os dinamismos emocionais e profundos das crianças. É posta em evidência a importância do equilíbrio, da aceitação e da compreensão a nível do casal. Sublinha-se também o valor da serenidade do relacionamento entre os cônjuges, da sua presença positiva — tanto a do pai quanto a da mãe — nos anos importantes para os processos de identificação, e da relação de tranqüilizante afeto para com as crianças.

51. Algumas carências graves ou desequilíbrios que se constatam entre os pais (por exemplo, a ausência da vida familiar de um deles ou de ambos os pais, o desinteresse educativo, ou a severidade excessiva) são fatores capazes de causar nas crianças distonias emocionais e afetivas que podem perturbar gravemente a sua adolescência e por vezes marcá-las para toda a vida. É necessário que os pais encontrem *tempo para estar com os filhos* e *entreter-se e dialogar com eles.* Os filhos, que são ao mesmo tempo um dom e um empenho, constituem a sua tarefa mais importante, se bem que, aparentemente, nem sempre

muito rendosa: eles o são mais do que o trabalho, mais do que as distrações, mais do que a posição social. Nesse relacionamento — e cada vez mais, à medida que os anos passam — é preciso saber escutá-los com atenção, esforçar-se por compreendê-los, saber reconhecer a parte de verdade que pode estar presente em algumas formas de rebelião. E, ao mesmo tempo, os pais poderão ajudá-los a canalizar retamente anseios e aspirações, ensinando-os a refletir sobre a realidade das coisas e a raciocinar. Não se trata de impor uma determinada linha de comportamento, mas de mostrar os motivos, sobrenaturais e humanos, que a recomendam. Serão mais bem sucedidos, se souberem dedicar tempo a seus filhos e colocar-se realmente ao nível deles, com amor.

Formação na comunidade de vida e de amor

52. A família cristã é capaz de oferecer uma atmosfera permeada daquele amor a Deus que torna possível um autêntico dom recíproco.[76] As crianças que fazem esta experiência estão mais dispostas a viver segundo aquelas verdades morais que vêem seus pais praticarem em sua vida. Terão confiança neles e aprenderão aquele amor — nada induz tanto a amar quanto o sentir-se amados — que vence o medo. Assim, o vínculo de amor recíproco, testemunhado pelos pais em relação aos filhos, tornar-se-á uma proteção segura da sua serenidade afetiva. Tal

76. Cf. *Familiaris Consortio*, nn. 18, 63-64.

vínculo afinará a inteligência, a vontade e as emoções, repelindo tudo o que poderia degradar ou aviltar o dom da sexualidade humana, a qual numa família em que reina o amor, *é sempre entendida como parte do chamado ao dom de si no amor por Deus e pelos outros:* «A família é a primeira e fundamental escola de sociabilidade: enquanto comunidade de amor, ela encontra no dom de si a lei que a guia e a faz crescer. O dom de si, que inspira o amor mútuo dos cônjuges, deve pôr-se como modelo e norma daquele que se deve realizar nas relações entre irmãos e irmãs e entre as diversas gerações que convivem na família. E a comunhão e a participação vividas diariamente na família, nos momentos de alegria e de dificuldade, representam a mais concreta e eficaz pedagogia para a inserção ativa, responsável e fecunda dos filhos no mais amplo horizonte da sociedade».[77]

53. Em suma, a educação ao amor autêntico, que não pode ser tal se não tornando-se amor de benevolência, comporta o acolhimento da pessoa amada, o considerar o seu bem como próprio, e, portanto, implica educar no verdadeiro relacionamento com os outros. É preciso ensinar à criança, ao adolescente e ao jovem como entrar em relacionamento são com Deus, com seus pais, com seus irmãos e irmãs, com seus companheiros do mesmo sexo ou de sexo diferente, com os adultos.

77. *Ibid*, n. 37.

54. Não se pode esquecer também que *a educação para o amor é uma realidade global:* não se pode progredir para se chegar a um verdadeiro relacionamento com uma pessoa sem o fazer, ao mesmo tempo, no relacionamento com qualquer outra pessoa. Como já mencionamos, a educação para a castidade, enquanto educação para o amor, é ao mesmo tempo educação do espírito, da sensibilidade e dos sentimentos. A atitude para com as pessoas depende não pouco da maneira como se governam os sentimentos espontâneos para com elas, fazendo crescer alguns deles, controlando outros. A castidade, enquanto virtude, nunca se reduz a um simples raciocínio sobre a capacidade de realizar atos conformes à norma de comportamento exterior, mas exige a realização e o desenvolvimento dos dinamismos da natureza e da graça, que constituem o elemento principal e imanente da nossa descoberta da lei de Deus como garantia de crescimento e de liberdade.[78]

55. É necessário, por isso, sublinhar que a educação para a castidade é inseparável do empenho em cultivar *todas as outras virtudes* e, de modo particular, o *amor cristão* que se caracteriza pelo respeito, o altruísmo e o serviço e que, em definitivo, se chama *caridade*. A sexualidade é um bem de grande importância, que é necessário proteger seguindo a ordem da razão iluminada pela fé: «Quanto maior é um bem, tanto mais nele se deve observar a ordem da

---

78. Cf. S. Tomás de Aquino, *Summa theologiae,* I-II, q. 106, a. 1.

razão».[79] Daqui se conclui que, para educar para a castidade, «é necessário o domínio de si, o qual pressupõe virtudes como o pudor, a temperança, o respeito de si e dos outros, a abertura ao próximo».[80]

São também importantes aquelas virtudes que a tradição cristã chamou as irmãs menores da castidade (modéstia, atitude de sacrifício dos próprios caprichos), alimentadas pela fé e pela vida de oração.

O pudor e a modéstia

56. A *prática do pudor e da modéstia,* no falar, no agir e no vestir, é muito importante para criar um clima apropriado à conservação da castidade, mas isto deve ser bem motivado pelo respeito do próprio corpo e da dignidade dos outros. Como já se mencionou, os pais devem vigiar a fim de que certas modas e certas atitudes imorais não violem a integridade da casa, particularmente através do mau uso dos *mass media.*[81] O Santo Padre sublinhou a necessidade de «que seja posta em prática uma colaboração mais estreita entre os pais, aos quais compete o primeiro lugar na tarefa educativa, os responsáveis dos

---

79. *Ibid.,* II-II, q. 153, a. 3.
80. *Orientações Educativas sobre o Amor Humano,* n. 35.
81. Cf. *Familiaris Consortio,* 76; cf. também *Orientações Educativas sobre o Amor Humano* n. 68 cf. Conselho Pontifício das Comunicações Sociais, *Pornografia e violenza nei mezzi di comunicazione sociale: Una risposta pastorale,* 7 de maio de 1989: «L'Osservatore Romano», ed. it., Suplemento A, 17 de maio de 1989, n. 7.

meios de comunicação a vários níveis e as autoridades públicas, a fim de que as famílias não sejam abandonadas a si mesmas num setor importante da sua missão educativa... Na realidade, devem-se reconhecer propostas, conteúdos e programas de divertimento sadio, de informação e de educação complementares aos da família e da escola. Isto não impede, infelizmente, que sobretudo em algumas Nações sejam difundidos espetáculos e escritos nos quais proliferam todos os tipos de violência e seja praticada uma espécie de bombardeamento com mensagens que afetam os princípios morais e tornam impossível uma atmosfera séria, que permita transmitir valores dignos da pessoa humana».[82]

Em particular, a respeito do uso da televisão, o Santo Padre especificou: «O modo de viver — principalmente nas Nações mais industrializadas — leva muitas vezes as famílias a se desencumbirem das suas responsabilidades educativas, encontrando na facilidade de evasão (representada, em casa, especialmente pela televisão e por certas publicações) o meio de terem ocupado o tempo e as atividades das crianças e jovens. Ninguém pode negar que há nisto também certa justificação, dado que muitas vezes faltam estruturas e infra-estruturas suficientes para utilizar e valorizar o tempo livre dos jovens e orientar-lhes as

82. João Paulo II, *Discurso* aos participantes do Encontro promovido pelo Conselho Pontifício para a Família e pelo Conselho Pontifício das Comunicações Sociais sobre «Os direitos da família e os meios de comunicação social», 4 de junho de 1993: «L'Osservatore Romano», ed. it., 5 de junho de 1993, p 5.

energias».[83] Outra circunstância facilitadora é representada pelo fato de ambos os pais estarem ocupados no trabalho, mesmo extradoméstico. «Os que sofrem as conseqüências são aqueles mesmos que têm mais necessidade de ser ajudados no desenvolvimento da sua 'liberdade responsável'. Daqui surge o dever — especialmente para os crentes, para as mulheres e os homens que amam a liberdade — de proteger especialmente as crianças e adolescentes das 'agressões' que sofrem dos meios de comunicação. Ninguém falte a este dever alegando motivos, demasiado cômodos, de desempenho!»;[84] «os pais, enquanto usuários, devem constituir-se parte ativa no seu uso moderado, critico, vigilante e prudente».[85]

A justa intimidade

57. Em estreita conexão com o pudor e a modéstia, que são uma defesa espontânea da pessoa que recusa ser vista e tratada como objeto de prazer, em vez de ser respeitada e amada por si mesma, deve-se considerar o respeito da *intimidade:* se uma criança ou um jovem vê que se respeita a sua justa intimidade, saberá então que se espera que ele também mostre a mesma atitude diante dos outros. Desta manei-

---

83. João Paulo II, *Mensagem* para a XV Jornada das Comunicações Sociais, 10 de maio de 1981: *Messaggi del Papa,* Libreria Editrice Vaticana, p. 73.

84. *Ibid.*

85. *Familiaris Consortio,* n. 76.

ra, aprende a cultivar o sentido de responsabilidade diante de Deus, desenvolvendo a sua vida interior e o gosto pela liberdade pessoal, que o tornam capaz de amar melhor a Deus e aos outros.

O autodomínio

58. Tudo isto exige geralmente *o autodomínio,* condição necessária para tornar-se capaz do dom de si. As crianças e os jovens devem ser encorajados a estimar e praticar o auto-controle e a renúncia, a viver de modo ordenado, a fazer sacrifícios pessoais, em espírito de amor a Deus, de auto-respeito e de generosidade para com os outros, sem sufocar os sentimentos e as tendências, mas canalizando-os numa vida virtuosa.

Os pais como modelos para seus filhos

59. O *bom exemplo e a «liderança» dos pais* é essencial para fortalecer a formação dos jovens para a castidade. A mãe que estima a vocação materna e o seu lugar na casa ajuda grandemente a desenvolver, em suas filhas, as qualidades da feminilidade e da maternidade e põe diante dos filhos homens um exemplo claro, forte e nobre de mulher.[86] O pai que imprime no seu comportamento um estilo de digni-

86. Cf. *Mulieris Dignitatem,* nn. 18-19.

dade viril, sem machismos, será um modelo atraente para os filhos e inspirará respeito, admiração e segurança nas filhas.[87]

60. Isto vale também para educar ao espírito de sacrifício nas famílias sujeitas, hoje mais do que nunca, às pressões do materialismo e do consumismo. Só assim, os filhos crescerão «numa reta liberdade diante dos bens materiais, adotando um estilo de vida simples e austero, bem convencidos de que 'o homem vale mais pelo que é do que pelo que tem'. Numa sociedade agitada e desagregada por tensões e conflitos, pelo choque violento entre os diversos individualismos e egoísmos, os filhos devem enriquecer-se não só do sentido da verdadeira justiça, que por si só conduz ao respeito pela dignidade pessoal de cada um, mas também e, ainda mais, do sentido do verdadeiro amor, como solicitude sincera e serviço desinteressado para com os outros, em particular os mais pobres e necessitados»;[88] «*a educação coloca-se plenamente no horizonte da 'civilização do amor', desta depende e, em grande medida, contribui para a sua construção*».[89]

---

87. Cf. *Familiaris Consortio,* n. 25.
88. *Ibid.,* n. 37; cf. também nn. 47-48.
89. Carta às Famílias *Gratissimam Sane,* n. 16.

Um santuário da vida e da fé

61. Ninguém pode ignorar que o primeiro exemplo e a maior ajuda que os pais podem dar em relação aos próprios filhos é a sua generosidade *em acolher a vida,* sem esquecer que assim os ajudam a ter um estilo de vida mais simples e, além disso, «que é menor mal negar aos próprios filhos certas comodidades e vantagens materiais do que privá-los da presença de irmãos e irmãs que os poderiam ajudar a desenvolver a sua humanidade e a realizar a beleza da vida em todas as suas fases e em toda a sua variedade».[90]

62. Finalmente, recordemos que, para chegar a todas estas metas, a família, antes de mais, deve ser *casa de fé e de oração* na qual se está atento à presença de Deus Pai, se acolhe a Palavra de Jesus, se sente o vínculo de amor, dom do Espírito, se ama e invoca a Mãe puríssima de Deus.[91] Tal vida de fé e de «oração tem como conteúdo original *a própria vida de família,* que em todas as suas diversas fases é interpretada como vocação de Deus e realizada como resposta filial ao seu apelo: alegrias e dores,

---

90. João Paulo II, *Homilia* ao Capitol Mall, Washington DC, Estados Unidos, 7 de outubro de 1979: «L'Osservatore Romano», 8-9 de outubro de 1979, Anexo, p. LXXVII.
91. Cf. *Familiaris Consortio,* nn. 59-61; Congregação para a Doutrina da Fé, Declaração sobre algumas questões de ética sexual *Persona Humana, 29* de dezembro de 1975: «L'Osservatore Romano», ed. it., 16 de janeiro de 1976, p. 1, n. 12.

esperanças e tristezas, nascimento e festas de anos, aniversários de núpcias dos pais, partidas, ausências e regressos, escolhas importantes e decisivas, a morte de pessoas queridas etc., assinalam a intervenção do amor de Deus, na história da família assim como devem marcar o momento favorável para a ação de graças, para a impetração, para o abandono confiante da família ao Pai comum que está nos céus».[92]

63. Nesta atmosfera de oração e de consciência da presença e da paternidade de Deus, as verdades da fé e da moral serão ensinadas, compreendidas e penetradas com reverência, e a palavra de Deus será lida e vivida com amor. Assim a verdade de Cristo edificará uma comunidade familiar fundamentada no exemplo e na orientação dos pais que descem «em profundidade ao coração dos filhos, deixando marcas que os sucessivos acontecimentos da vida não conseguirão apagar».[93]

---

92. *Familiaris Consortio*, n. 59.
93. *Cf. ibid.*, n. 60.

VI
OS PASSOS NO CONHECIMENTO

64. Aos pais compete particularmente a obrigação de dar a conhecer aos filhos *os mistérios da vida humana,* porque a família «é o melhor ambiente para cumprir a obrigação de garantir uma educação gradual da vida sexual. Ela tem uma carga afetiva capaz de fazer aceitar sem traumas mesmo as realidades mais delicadas e integrá-las harmonicamente numa personalidade equilibrada e rica».[94]

Este dever primário da família, que recordamos, comporta para os pais o direito a que os seus filhos não sejam obrigados, na escola, a assistir a cursos sobre esta matéria que estejam em desacordo com as suas convicções religiosas e morais.[95] Com efeito, é dever da escola não se substituir à família mas, antes, «assistir e complementar a tarefa dos pais, oferecendo às crianças e aos adolescentes uma apreciação da sexualidade como valor e tarefa de toda a pessoa criada, homem e mulher, à imagem de Deus».[96]

Recordemos justamente o que ensina o Santo Padre na *Familiaris Consortio:* «A Igreja opõe-se

---

94. *Orientações Educativas sobre o Amor Humano,* n. 48.
95. Cf. *Carta dos Direitos da Família,* art. 5, c.
96. *Orientações Educativas sobre o Amor Humano,* n. 69.

firmemente a uma certa forma de informação sexual, desligada dos princípios morais, tão difundida, que não é senão uma introdução à experiência do prazer e um estímulo que leva à perda — ainda nos anos da inocência — da serenidade, abrindo as portas ao vício».[97]

É preciso, por isso, propor *quatro princípios gerais* e em seguida examinar as várias fases de desenvolvimento da criança.

Quatro princípios sobre a informação a respeito da sexualidade

65.   1. **Cada criança é uma pessoa única e irrepetível e deve receber uma formação individualizada.** Como os pais conhecem, compreendem e amam cada um dos seus filhos na sua irrepetibilidade, estão na melhor posição para decidir o momento oportuno para dar as diversas informações, segundo o respectivo crescimento físico e espiritual. Ninguém pode tirar dos pais conscienciosos esta capacidade de discernimento.[98]

66.   O processo de amadurecimento de cada criança como pessoa é diferente, pelo que os aspectos que tocam mais a sua intimidade, tanto biológica como afetiva, devem ser-lhe comunicados por meio de um

97. *Familiaris Consortio,* n. 37.
98. Cf. *ibid.*

diálogo personalizado.[99] No diálogo com cada filho, feito de amor e confiança, os pais comunicam algo do seu próprio dom de si, o que os torna capazes de testemunhar aspectos da dimensão afetiva da sexualidade, de outro modo não transmissíveis.

67. A experiência demonstra que este diálogo se desenvolve melhor quando o «pai» que comunica as informações biológicas, afetivas, morais e espirituais, é do mesmo sexo da criança ou do jovem. Conhecedoras do papel, das emoções e dos problemas do próprio sexo, as mães tem um laço especial com as suas filhas, e os pais com os filhos. É preciso respeitar estes laços naturais; por isso, o «pai» que se encontre só deverá comportar-se com grande sensibilidade ao falar com um filho de sexo diverso, e poderá decidir confiar os aspectos particulares mais íntimos a uma pessoa de confiança do mesmo sexo da criança. Para esta colaboração de caráter subsidiário, os pais podem servir-se de educadores conscienciosos e bem formados no âmbito da comunidade escolar, paroquial ou das associações católicas.

68. 2. **A dimensão moral deve sempre fazer parte das suas explicações.** Os pais poderão pôr em realce que os cristãos são chamados a viver o dom da sexualidade segundo o plano de Deus que é Amor, isto é, no contexto do matrimônio ou da virgindade consa-

---

99. Cf. *Orientações Educativas sobre o Amor Humano*, n. 58.

grada ou ainda no celibato.[100] Deve-se insistir no valor positivo da castidade, e na capacidade de gerar verdadeiro amor para com as pessoas: este é o seu aspecto moral mais importante e radical; só quem sabe ser casto saberá amar no matrimônio ou na virgindade.

69. Desde a idade mais tenra, os pais podem observar inícios de uma atividade genital instintiva na criança. Não se deve considerar repressivo o fato de se corrigir suavemente os hábitos que poderiam tornar-se pecaminosos mais tarde e ensinar a modéstia, sempre que seja necessário, à medida que a criança cresce. É sempre importante que o juízo de recusa moral de certas atitudes, contrárias à dignidade da pessoa e à castidade, seja justificado com motivações adequadas, válidas e convincentes tanto no plano racional como no plano da fé, por isso num quadro de positividade e de alto conceito da dignidade pessoal. Muitas admoestações dos pais são simples reprovações ou recomendações que os filhos percebem como fruto do medo de certas conseqüências sociais ou de reputação pública, mais que de um amor atento ao seu verdadeiro bem. «Exorto-vos a corrigir com todo o empenho os vícios e as paixões que nos assaltam em cada idade. Porque se, em qualquer época da nossa vida navegarmos desprezando os valores da virtude e sofrendo assim naufrágios

---

100. Cf. *Familiaris Consortio*, n. 16.

constantes, arriscamo-nos a chegar ao porto vazios de toda a carga espiritual».[101]

70. 3. **A formação na castidade e as oportunas informações sobre sexualidade devem ser fornecidas no contexto mais amplo da educação para o amor.** Não é por isso suficiente comunicar informações sobre o sexo juntamente com princípios morais objetivos. É necessário também uma ajuda constante para o crescimento da *vida espiritual* dos filhos, a fim de que o desenvolvimento biológico e as pulsões que começam a experimentar sejam sempre acompanhados de um crescente amor a Deus Criador e Redentor e de um maior conhecimento da dignidade de cada pessoa humana e do seu corpo. A luz do mistério de Cristo e da Igreja, os pais podem ilustrar os valores positivos da sexualidade humana no contexto da inata vocação da pessoa ao amor e da vocação universal à santidade.

71. Nos colóquios com os filhos, portanto, nunca devem faltar os conselhos adequados para crescer no amor de Deus e do próximo e para superar as dificuldades: «A disciplina dos sentidos e do espírito, a vigilância e a prudência para evitar as ocasiões de pecado, a guarda do pudor, a moderação nos divertimentos, as atividades sadias, o uso freqüente da oração e dos sacramentos da Penitência e da Eucaristia.

---

101. São João Crisóstomo, *Homiliae in Matthaeum*, 81, 5: *PG* 58, 737.

Os jovens, sobretudo, devem empenhar-se a desenvolver a sua *piedade para com a Imaculada Mãe de Deus*».[102]

72. Para educar os filhos a saberem avaliar bem os ambientes que freqüentam, com sentido crítico e de verdadeira autonomia, e também para habituá-los a um uso comedido dos meios de comunicação, os pais deverão sempre apresentar os modelos positivos e as modalidades adequadas para canalizar suas energias vitais, o sentido de amizade e de solidariedade no vasto campo da sociedade e da Igreja.

Diante de tendências e atitudes que desviam, é preciso ter grande prudência e cautela para distinguir e avaliar bem as situações. Em tais casos, saberão mesmo recorrer a especialistas de segura formação científica e moral para identificar as causas que estão por trás dos sintomas e ajudar as pessoas envolvidas, com seriedade e clareza, a superar as dificuldades. A ação pedagógica seja orientada mais para as causas do que para a repressão direta do fenômeno,[103] procurando também — se necessário — o auxílio de pessoas qualificadas, como médicos, pedagogos, psicólogos com reto sentimento cristão.

73. O objetivo da obra educacional é, para os pais, transmitir a seus filhos a convicção de que *a castida-*

102. *Persona Humana*, n. 12.
103. Cf. *ibid.*, n. 9; *Orientações Educativas sobre o Amor Humano*, n. 99.

de em seu estado de vida é possível e portadora de alegria. A alegria brota do conhecimento de um amadurecimento e harmonia da sua vida afetiva, que, sendo dom de Deus e dom de amor, consente na realização do dom de si no âmbito da própria vocação. O ser humano, com efeito, única criatura na terra que Deus quis por si mesma, «não pode encontrar-se plenamente senão por um dom sincero de si mesmo».[104] «Cristo deu leis comuns para todos... Não te proíbo que te cases, nem me oponho a que te divirtas. Só quero que o faças com temperança, sem impudicícia, sem culpas e pecados. Não ponho como lei que fujais para os montes e desertos, mas que sejais corajosos, bons, modestos e castos vivendo no meio da cidade».[105]

74. A ajuda de Deus nunca nos falta, se cada um puser o empenho necessário para corresponder à sua graça. Ajudando, formando e respeitando a consciência dos filhos, os pais devem procurar que freqüentem conscientemente *os sacramentos,* caminhando diante deles com o próprio exemplo. Se as crianças e os jovens experimentarem os efeitos da graça e da misericórdia de Deus nos sacramentos, serão capazes de viver bem a castidade como dom de Deus, para a sua glória e para amar a ele e amar as outras pessoas. Um auxílio necessário e sobrenaturalmente

---

104. *Gaudium et Spes,* n. 24.
105. São João Crisóstomo, *Homiliae in Matthaeum, 7, 7: PG* 57, 80-81.

eficaz é oferecido pela freqüência do Sacramento da reconciliação, especialmente se é possível recorrer a um confessor estável. A orientação ou direção espiritual, mesmo que não coincida necessariamente com o papel do confessor, é um auxílio precioso para o esclarecimento progressivo das fases do amadurecimento e para um apoio moral.

De grande ajuda é a leitura de livros de formação escolhidos e aconselhados seja por oferecerem uma formação mais vasta e aprofundada, seja por fornecerem exemplos e testemunhos no caminho da virtude.

75. Uma vez identificados os objetivos da informação, é necessário determinar seus tempos e modalidades, a começar da infância.

4. **Os pais devem dispensar esta informação com extrema delicadeza, mas de modo claro e no tempo oportuno.** Eles bem sabem que os filhos devem ser tratados de modo personalizado, segundo as condições pessoais do seu desenvolvimento fisiológico e psíquico e tendo na devida conta também o ambiente cultural de vida e a experiência que o adolescente faz na vida cotidiana. Para avaliar bem o que devem dizer a cada um é muito importante que primeiro peçam luz ao Senhor, na oração, e falem um com o outro, a fim que as suas palavras não sejam nem tão explícitas nem tão vagas. Dar demasiados pormenores às crianças é contraproducente, mas atra-

sar excessivamente as primeiras informações é imprudente, porque todas as pessoas humanas têm uma curiosidade natural a esse respeito e, mais cedo ou mais tarde, se interroga, sobretudo numa cultura em que se pode ver muita coisa, até na rua.

76. Em geral, as primeiras informações acerca do sexo, a ser dada a uma criança pequena, não são sobre a sexualidade genital, mas sobre a gravidez e o nascimento de um irmão ou de uma irmã. A curiosidade natural da criança é estimulada, por exemplo, quando vê na mãe os sinais da gravidez e vive à espera de um bebê. Os pais podem aproveitar desta alegre experiência para comunicar alguns dados simples acerca da gravidez, mas sempre no contexto mais profundo das maravilhas da obra criadora de Deus, o qual dispõe que a nova vida que ele dá seja guardada no corpo da mãe, perto do seu coração.

As fases principais do desenvolvimento da criança

77. É importante que os pais respeitem as exigências de seus filhos nas diversas fases do desenvolvimento. Tendo em conta que cada criança deve receber uma formação individualizada, eles podem adaptar as etapas da educação ao amor às necessidades particulares de cada filho.

1. Os anos da inocência

78. Desde a idade de cinco anos, aproximadamente, até à puberdade — cujo início se coloca na manifestação das primeiras modificações no corpo do rapaz ou da menina (efeito visível de um aumento de produção dos hormônios sexuais) — diz-se que a criança está na fase descrita, segundo as palavras de João Paulo II, como *«os anos da inocência»*.[106] Este período de tranqüilidade e serenidade nunca deve ser perturbado com uma informação sexual desnecessária. Nestes anos, antes que se torne evidente um desenvolvimento físico sexual, é normal que os interesses da criança se voltem para outros aspectos da vida. Desapareceu a sexualidade instintiva rudimentar da criança pequena. Os meninos e as meninas desta idade não estão particularmente interessados pelos problemas sexuais e preferem conviver com crianças do mesmo sexo.

Para não perturbar esta importante fase natural do crescimento, os pais reconhecerão que uma cautelosa formação para o amor casto, neste período, deve ser indireta, em preparação para a puberdade, período em que a informação direta será necessária.

79. Nesta fase do desenvolvimento, a criança está normalmente à vontade em relação ao corpo e as suas funções. Aceita a necessidade de modéstia no modo de vestir e no comportamento. Embora conhe-

---

106. Cf. *Familiaris Consortio*, n. 37.

ça as diferenças físicas entre os dois sexos, a criança em crescimento mostra em geral pouco interesse pelas funções genitais. A descoberta das maravilhas da criação, que acompanha esta época, e as experiências nesse sentido em casa e na escola, deverão também ser orientadas para as fases da catequese e a aproximação dos sacramentos, que acontece no interior da comunidade eclesial.

80. Todavia, este período da infância não é desprovido do seu significado em termos de desenvolvimento psico-sexual. O menino ou a menina que cresce aprende, com o exemplo dos adultos e a experiência familiar, *o que significa ser uma mulher ou um homem*. Certamente, não se deveriam desencorajar as expressões de ternura natural e de sensibilidade da parte dos rapazes, nem, vice-versa, se deveriam excluir as meninas de atividades físicas vigorosas. Mas, por outro lado, em algumas sociedades sujeitas a pressões ideológicas, os pais deverão evitar também uma oposição exagerada em relação àquela que se define como uma «esteriotipização dos papéis». Não se deveriam ignorar ou minimizar as diferenças efetivas entre os dois sexos e, num ambiente familiar sadio, as crianças aprenderão que é natural que a estas diferenças corresponda uma certa diversidade entre os papéis familiares e domésticos normais, respectivamente dos homens e das mulheres.

81. Durante esta fase, as meninas desenvolvem em geral um interesse materno pelas crianças pequeni-

nas, pela maternidade e pelos cuidados da casa. Tendo constantemente como modelo a Maternidade da Santíssima Virgem Maria, deveriam ser encorajadas a valorizar a sua própria feminilidade.

82. Um rapaz, nesta fase, está num período de desenvolvimento relativamente tranqüilo. Este representa freqüentemente o período mais fácil para estabelecer um bom relacionamento com o pai. Neste tempo, ele deveria aprender que a sua masculinidade, embora deva ser considerada um dom divino, não é sinal de superioridade em relação às mulheres, mas um chamado de Deus para assumir certos papéis e responsabilidades. O jovem deveria ser desaconselhado de se tornar excessivamente agressivo ou muito preocupado com o vigor físico como garantia da sua virilidade.

83. Todavia, no contexto da informação moral e sexual, podem surgir na fase da infância diversos problemas. Hoje, em algumas sociedades, há tentativas programadas e determinadas para impor *uma informação sexual prematura* às crianças.

Neste período do desenvolvimento, todavia, elas não são ainda capazes de compreender plenamente o valor da dimensão afetiva da sexualidade. Não podem compreender e controlar a imagem sexual num contexto adequado de princípios morais e, portanto, não podem integrar uma informação sexual prematura com a responsabilidade moral. Tal informação tende assim a infringir o seu desenvolvimento emocional e educativo e a perturbar a serenidade natural deste período de vida. Os pais deveriam excluir com suavidade, mas com firmeza, as tentativas de violar a inocência dos filhos, porque tais tentativas comprometem o desenvolvimento espiritual, moral e emocional das pessoas que estão crescendo e que têm direito a tal inocência.

84. Um problema ulterior surge quando as crianças recebem uma informação sexual prematura da parte dos meios de comunicação social ou de coetâneos que foram desencaminhados ou que receberam uma educação sexual precoce. Nestas circunstâncias os pais terão necessidade de começar a fornecer uma informação sexual cuidadosamente limitada, habitualmente para corrigir uma informação imoral errada ou para controlar uma linguagem obscena.

85. Não são pouco freqüentes as violências sexuais diante das crianças. Os pais devem proteger os filhos, antes de mais educando-os para uma forma de modéstia e de reserva diante de pessoas estranhas; além disso, dispensando uma adequada informação sexual, sem porém antecipar pormenores e particularidades que os poderiam perturbar ou assustar.

86. Como nos primeiros anos de vida, também durante a infância os pais deveriam encorajar os filhos

no que respeita ao espírito de colaboração, obediência, generosidade e abnegação, assim como favorecer a capacidade de auto-reflexão e de sublimação. Com efeito é próprio deste período de desenvolvimento sentir-se atraído por atividades intelectuais: e a intelectualização permite adquirir a força e a capacidade de controlar a realidade que nos rodeia e, num futuro próximo, mesmo os instintos que provêm do corpo, de modo a transformá-los em atividades intelectuais e racionais.

A criança indisciplinada ou viciada tem tendência a certa fragilidade moral no futuro, porque a castidade é difícil de conservar-se quando uma pessoa desenvolve hábitos egoístas ou desordenados e não é capaz de se comportar com os outros com interesse e respeito. Os pais devem apresentar padrões objetivos daquilo que está certo ou errado, criando um contexto moral seguro para a vida.

2. A puberdade

87. A puberdade, que constitui a fase inicial da adolescência, é um momento em que os pais são chamados a estar particularmente atentos à *educação cristã dos filhos:* é o momento da descoberta de si mesmo «e do próprio universo interior, tempo de planos generosos, o tempo do desabrochar do sentimento do amor, com os impulsos biológicos da sexualidade, o tempo do desejo de estar junto com os outros, o tempo de uma alegria particularmente in-

tensa, ligada a uma inebriante descoberta da vida. Muitas vezes, porém, é conjuntamente a idade das interrogações mais profundas, das indagações angustiadas ou até mesmo frustrantes, de uma certa desconfiança para com os outros acompanhada do debruçar-se sobre si mesmo, fechando-se; é a idade, por vezes, dos primeiros passos e das primeiras amarguras».[107]

88. Os pais devem estar particularmente atentos à evolução de seus filhos e às suas transformações físicas e psíquicas, decisivas para o amadurecimento da personalidade. Embora sem revelar angústia, medo e preocupação obsessiva, todavia não consentirão que a covardia e o comodismo bloqueiem a sua intervenção. Logicamente, é um momento importante na educação para o valor da castidade, o qual se traduzirá mesmo no modo de informar sobre a sexualidade. Nesta fase, a interrogação educativa inclui também o aspecto da genitalidade e requer, por isso, a sua apresentação, tanto no plano dos valores como no plano da realidade globalmente compreendida; isto implica, além de mais, a compreensão do contexto relativo à procriação, ao matrimônio e à família, contexto que se deve ter presente numa autêntica obra de educação sexual.[108]

---

107. João Paulo II, Exortação apostólica *Catechesi Tradendae*, 16 de outubro de 1979: AAS 71 (1979), p. 1309, n. 38.

108. Em diversas culturas tal atitude positiva está bem radicada e a puberdade é celebrada com «ritos de passagem» ou formas de inicia-

89. Os pais, partindo das transformações que as filhas e os filhos experimentam no seu corpo, são agora levados a dar *explicações mais detalhadas sobre sexualidade,* todas as vezes que — apoiados num relacionamento de confiança e de amizade — as meninas se abrem com a mãe e os rapazes com o pai. Tal relacionamento de confiança e de amizade se inicia desde os primeiros anos de vida.

90. Tarefa importante dos pais é acompanhar a evolução fisiológica das filhas, ajudando-as a acolher com alegria *o desenvolvimento da feminilidade* em sentido corpóreo, psicológico e espiritual.[109] Normalmente, poder-se-á falar, portanto, também dos ciclos de fertilidade e do seu significado; não será porém ainda necessário, a menos que não seja explicitamente pedido, dar explicações pormenorizadas sobre a união sexual.

91. É muito importante que também os adolescentes de sexo masculino sejam ajudados a compreender as fases do desenvolvimento físico e fisiológico dos órgãos genitais, antes que ouçam estas notícias dos companheiros de jogos ou de pessoas não bem intencionadas. A apresentação dos fatos fisiológicos da puberdade masculina deve ser feita num clima de

ção à vida adulta. Os católicos, sob a orientação atenta da Igreja, podem assumir o que há de bom e verdadeiro nestes costumes, purificando-os de tudo o que seja inadequado ou imoral.

109. Cf. *Mulieris Dignitatem,* nn. 17 ss.

serenidade, de positividade e de reserva, no contexto da perspectiva matrimônio-família-paternidade. A instrução quer das adolescentes quer dos adolescentes deverá por isso incluir também uma informação pormenorizada e suficiente sobre as características somáticas e psicológicas do sexo oposto, em relação ao qual existe principalmente curiosidade.

Neste contexto, pode ser uma ajuda para os pais o apoio informativo do médico consciencioso e ainda do psicólogo, sem se separar tais informações de uma referência à fé e à obra educativa do sacerdote.

92. Através de *um diálogo confiante e aberto, os* pais poderão não só guiar *as filhas* para enfrentar toda a perplexidade emotiva, mas ainda manter o valor da castidade cristã em consideração do outro sexo. A instrução tanto das meninas como dos rapazes deve procurar evidenciar a beleza da maternidade e a maravilhosa realidade da procriação, assim como o profundo significado da virgindade. Deste modo, serão ajudados a opor-se à mentalidade hedonista hoje muito presente e, em particular, prevenir, num período tão decisivo, aquela «*mentalidade contraceptiva*» infelizmente muito difundida e com a qual as filhas deverão defrontar-se mais tarde, no matrimônio.

93. Durante a puberdade, *o desenvolvimento psíquico e emotivo do rapaz* pode torná-lo vulnerável

às fantasias eróticas e à tentação de fazer experiências sexuais. Os pais deverão estar perto dos filhos, corrigindo a tendência para utilizar a sexualidade de forma hedonista e materialista. Eles, por isso, recordar-lhes-ão o dom de Deus, recebido para cooperar com ele para «realizar ao longo da história a bênção originária do Criador, transmitindo a imagem divina pela geração de homem a homem»; e assim fortalecê-los-ão no conhecimento de que a «fecundidade é o fruto e o sinal do amor conjugal, o testemunho vivo da plena doação recíproca dos esposos».[110] Deste modo os filhos aprenderão também o respeito devido à mulher. A obra de informação e de instrução dos pais é necessária, com efeito, não porque de outro modo os filhos não poderiam conhecer as realidades sexuais, mas para que as conheçam de forma correta.

94. De maneira *positiva e prudente os* pais realizarão o que pediram os Padres do Concílio Vaticano II: «Os jovens devem ser instruídos convenientemente e a tempo, *sobretudo no seio da própria família,* sobre a dignidade, a missão e o exercício do amor conjugal. Deste modo, preparados no cultivo da castidade, possam chegar, na idade conveniente, a um noivado puro e daí ao matrimônio».[111]

Esta informação positiva sobre a sexualidade estará sempre inserida num projeto formativo, para

---

110. *Familiaris Consortio,* n. 28; cf. também *Gaudium et Spes,* n. 50.
111. *Gaudium et Spes,* n. 49.

criar aquele contexto cristão em que devem ser dadas todas as informações sobre a vida e sobre a atividade sexual, sobre a autonomia e sobre a higiene. Assim, as dimensões espirituais e morais deverão sempre prevalecer e ter duas finalidades especiais: a apresentação dos mandamentos de Deus como caminho de vida e a formação de uma consciência reta.

Jesus, ao jovem que o interroga sobre o que deve fazer para obter a vida eterna, responde: «Se queres entrar na vida, observa os Mandamentos» (Mt 19,17); e, depois de ter enumerado aqueles que se referem ao amor do próximo, resume-os na formulação positiva: «Ama o teu próximo como a ti mesmo» (Mt 19,19). Apresentar os mandamentos como dom de Deus (escritos pelo dedo de Deus, cf. Ex 31,18) e expressão da Aliança com ele, confirmados por Jesus com o seu próprio exemplo, é muito importante porque o adolescente não os desliga da sua relação com uma vida interiormente rica e liberta de egoísmos.[112]

95. A formação da consciência requer, como ponto de partida, que se seja esclarecido sobre o projeto de amor que Deus tem para cada pessoa, sobre o valor positivo e libertador da lei moral e sobre o conhecimento tanto da fragilidade proveniente do pecado como também dos meios da graça que fortalecem a pessoa humana no seu caminho para o bem e a salvação.

---

112. Cf. *Catecismo da Igreja Católica,* nn. 2052 ss.

«Presente no coração da pessoa, a consciência moral» — que é o «núcleo mais secreto e o sacrário do homem», como afirma o Concílio Vaticano II[113] — «obriga-a, no momento oportuno, a fazer o bem e a fugir do mal. Ela julga também as opções concretas, aprovando as boas e denunciando as más. Ela atesta a autoridade da verdade em relação ao Bem supremo, de quem a pessoa humana recebe o atrativo e acolhe os mandamentos».[114]

Com efeito, «a consciência moral é um juízo da razão mediante o qual a pessoa humana reconhece a qualidade moral de um ato concreto que vai realizar, está realizando ou já realizou».[115] Por isso, a formação da consciência requer o esclarecimento acerca da verdade e do plano de Deus e não se deve confundir com um vago sentimento subjetivo ou com a opinião pessoal.

96. Ao responderem às *perguntas dos filhos, os* pais deverão oferecer argumentos bem refletidos sobre o grande valor da castidade e mostrar a fraqueza intelectual e humana das teorias que inspiram comportamentos permissivos e hedonísticos; responderão com clareza, sem dar importância excessiva às problemáticas patológicas sexuais nem à falsa impressão de que a sexualidade seja uma realidade vergonhosa ou suja, visto que é um grande dom de

---

113. *Gaudium et Spes*, n. 16.
114 *Catecismo da Igreja Católica*, n. 1777.
115. *Ibid*, n. 1778.

Deus, o qual deu ao corpo humano a capacidade de gerar, tornando-nos participantes do seu poder criador. Até mesmo, tanto na Escritura (cf. Ct 1-8; Os 2; Jr 3,1-3; Ez 23 etc.) como na tradição cristã[116] sempre se viu o amor conjugal como um símbolo e uma imagem do amor de Deus pelos seres humanos.

97. Visto que durante a puberdade um rapaz ou uma jovem são particularmente vulneráveis às *influências emotivas,* os pais têm o dever, através do diálogo e do seu estilo de vida, de ajudar os filhos a resistir aos influxos negativos que chegam do exterior e poderiam levá-los a subestimar a formação cristã sobre o amor e sobre a castidade. Às vezes, particularmente nas sociedades alteradas pelos impulsos consumísticos, os pais deverão — sem que isso se note muito — ter cuidado com os relacionamentos de seus filhos com adolescentes do sexo oposto. Embora aceitos socialmente, há hábitos no falar e nos costumes que são moralmente incorretos e representam uma forma de banalizar a sexualidade, reduzindo-a a um objeto de consumo. Os pais devem então ensinar a seus filhos o valor da modéstia cristã, da sobriedade no vestir, da necessária autonomia em relação às modas, característica de um homem ou de uma mulher com personalidade madura.[117]

---

116. Cf. Santa Teresa, *Poesias,* 5-9; São João da Cruz, *Poesias,* 10.
117. Cf. *Orientações Educativas sobre o Amor Humano,* n. 90.

3. A adolescência no projeto de vida

98. A adolescência representa, no desenvolvimento do indivíduo, o período do projeto de si e portanto da descoberta da própria vocação: tal período tende a ser hoje — seja por razões fisiológicas seja por motivos socio-culturais — mais prolongado no tempo que no passado. Os pais cristãos devem «formar os filhos para a vida, de modo que cada um realize plenamente o seu dever segundo *a vocação recebida de Deus*».[118] Trata-se de um empenho de suma importância, que constitui, em definitivo, o ponto mais alto da sua missão de pais. Se isto é sempre importante, torna-se particularmente importante neste período da vida dos filhos: «Na vida de cada fiel leigo há, pois, *momentos particularmente significativos e decisivos* para discernir o chamado de Deus:... entre esses momentos estão os da *adolescência e da juventude*».[119]

99. É muito importante que os jovens não se encontrem sós ao discernir *a sua vocação pessoal*. São relevantes, e por vezes decisivos, os conselhos dos pais e o apoio de um sacerdote ou de outras pessoas convenientemente formadas — nas paróquias, nas associações e nos novos e fecundos movimentos eclesiais etc. — que sejam capazes de os ajudar a descobrir o sentido vocacional da existência e as várias formas do chamado universal à santidade, visto que

118. *Familiaris Consortio*, n. 53.
119. *Christifideles Laici*, n. 58.

o «*segue-me* de Cristo se pode escutar ao longo de uma diversidade de caminhos, no meio dos quais seguem os discípulos e as testemunhas do Redentor».[120]

100. Durante séculos, o conceito de vocação foi reservado exclusivamente ao sacerdócio ou à vida religiosa. O Concílio Vaticano II, recordando o ensinamento do Senhor — «sede portanto perfeitos como é perfeito o vosso Pai celeste» (Mt 5,48) —, renovou o apelo universal à santidade:[121] «Este forte convite à santidade — escreveu pouco depois Paulo VI — pode ser considerado como o elemento mais característico de todo o magistério conciliar e, por assim dizer, o seu fim último»;[122] e acrescenta João Paulo II: «Sobre a vocação universal à santidade o Concílio Vaticano II teve palavras sobremaneira luminosas. Pode dizer-se que foi precisamente esta a primeira incumbência confiada a todos os filhos e filhas da Igreja por um Concílio que se quis para a renovação evangélica da vida cristã.[123] Esta mensagem não é uma simples exortação moral, mas antes uma *exigência insubstituível do mistério da Igreja*».[124]

---

120. João Paulo II, Carta apostólica aos jovens do mundo *Parati Semper,* 31 de março de 1985: *AAS* 77 (1985), p. 602, n 9.

121. Cf. *Lumen Gentium,* cap. V.

122. Paulo VI, Motu proprio *Sanctitatis Clarior,* 19 de março de 1969: *AAS* 61 (1969), p. 149.

123. Veja-se, em particular, o capítulo V da *Lumen Gentium,* nn. 39-42, que trata da *vocação universal à santidade na Igreja.*

124. *Christifideles Laici,* n. 16.

Deus chama à santidade todas as pessoas humanas e, para cada uma delas, tem planos bem precisos: uma *vocação pessoal* que cada uma deve reconhecer, acolher e desenvolver. A todos os cristãos — sacerdotes e leigos, casados ou solteiros — se aplicam as palavras do Apóstolo dos gentios: *«Eleitos de Deus, santos e amados»* (Cl 3,12).

101. É por isso necessário que nunca falte na catequese e na formação que se dá dentro e fora da família, não só o ensinamento da Igreja sobre o valor excelso da virgindade e do celibato,[125] mas também sobre o sentido da vocação ao matrimônio, que nunca pode ser considerado por um cristão somente como aventura humana: «Grande sacramento em Cristo e na Igreja», diz S. Paulo (Ef 5,32). Dar aos jovens esta firme convicção, de alcance transcendental para o bem da Igreja e da humanidade, «depende em grande parte dos pais e da vida familiar que construem na sua própria casa».[126]

---

125. Cf. Tertuliano, *De exhortatione castitatis,* 10: *CChL* 2, 1029-1030; S. Cipriano, *De habitu virginum,* 3 e 22: *CSEL* 3/1, 189 e 202-203; Santo Atanásio, *De virginitate: PG* 28, 252281; S. João Crisóstomo, *De virginitate: SCh* 125; Pio XII, Exortação apostólica *Menti Nostrae,* 23 de setembro de 1950: *AAS* 42 (1950), p. 682; João XXIII, *Discurso* aos participantes do Primeiro Congresso internacional sobre «As vocações aos estados de perfeição no mundo de hoje», promovido pela Sagrada Congregação dos Religiosos, 16 de dezembro de 1961: *AAS* 54 (1962), p. 33; *Lumen Gentium,* n. 42; *Familiaris Consortio,* n. 16.

126. João Paulo II, *Homilia* na Missa de Limerick (Irlanda), 1 de outubro de 1979: «L'Osservatore Romano», 1-2 de outubro de 1979, Anexo, p. XX.

102. Os pais devem sempre esforçar-se por dar *exemplo e testemunho,* com a própria vida, da fidelidade de Deus e da fidelidade de um ao outro na aliança conjugal. Mas o seu exemplo é particularmente decisivo na adolescência, período em que os jovens procuram *modelos vividos e atraentes de comportamento.* Como neste tempo os problemas sexuais se tornam freqüentemente mais evidentes, os pais devem também ajudá-los a amar a beleza e a força da castidade, com conselhos prudentes, pondo em destaque o valor inestimável que, para vivê-la, possuem a oração e a recepção freqüente e frutuosa dos sacramentos, em particular a confissão pessoal. Devem, além disso ser capazes de dar a seus filhos, segundo as necessidades, uma explicação positiva e serena sobre os pontos básicos da moral cristã, por exemplo, a indissolubilidade do matrimônio e a relação entre amor e procriação, assim como sobre a imoralidade das relações pré-matrimoniais, do aborto, da contracepção e da masturbação. Acerca destas últimas realidades imorais, que contradizem o significado da doação conjugal, é necessário recordar ainda que «*as duas dimensões da união conjugal,* a unitiva e a procriativa, *não podem ser separadas artificialmente* sem atentar contra a verdade íntima do próprio ato conjugal».[127] Acerca disto, será para os pais uma ajuda preciosa o conhecimento aprofundado e meditado dos documentos da Igreja que tratam destes problemas.[128]

127. Carta às Famílias *Gratissimam Sane,* n. 12.
128. Além da *Gaudium et Spes,* nn. 47-52, da *Humanae Vitae* e da *Familiaris Consortio,* têm à sua disposição outros importantes Docu-

103. Em particular, a masturbação constitui uma desordem grave, ilícita em si mesma, que não pode ser moralmente justificada, mesmo se «a imaturidade da adolescência, que pode algumas vezes prolongar-se para além desta idade, o desequilíbrio físico, ou um hábito contraído possam influir no comportamento, atenuando o caráter deliberado do ato, e fazer com que, subjetivamente, não seja sempre culpa grave».[129] Os adolescentes sejam portanto ajudados a superar tais manifestações de desordem que são freqüentemente expressão dos conflitos internos e da idade e não raramente de uma visão egoísta da sexualidade.

104. Uma problemática particular, que se pode manifestar no processo de maturação-identificação sexual, é a da homossexualismo, que, aliás, se difunde cada vez mais nas culturas urbanas. É necessário que este fenômeno seja apresentado com equilíbrio de juízo, à luz dos documentos da Igreja.[130] Os jovens precisam de ser ajudados a distinguir os conceitos de

mentos da Congregação para a Doutrina da Fé, como *Persona humana* e *La cura pastorale delle persone omosessuali,* 1º de outubro de 1986: «L'Osservatore Romano», ed. it., 21 de outubro de 1986, p. 5, e da Congregação para a Educação Católica, *Orientações Educativas sobre o Amor Humano,* juntamente aos ensinamentos do *Catecismo da Igreja Católica,* nn. 2331-2400, nn. 2514-2533.

129. *Persona Humana,* n. 9.

130. Documentos da Congregação para a Doutrina da Fé, *Persona Humana* e *La cura pastorale delle persone omosessuali; Catecismo da Igreja Católica,* nn. 2357-2359.

normalidade e de anomalia, de culpa sugestiva e de desordem objetiva, evitando induzir hostilidade e, por outro lado, esclarecendo bem a orientação estrutural e complementar da sexualidade em relação à realidade do matrimônio, da procriação e da castidade cristã. «A homossexualismo designa as relações entre homens ou mulheres que experimentam uma atração sexual exclusiva ou predominante para com pessoas do mesmo sexo. Reveste formas muito variadas, através dos séculos e das diferentes culturas. A sua gênese psíquica continua em grande parte por explicar».[131] É preciso distinguir a tendência, que pode ser inata, e os atos de homossexualismo que «são intrinsecamente desordenados»[132] e contrários à lei natural.[133]

Muitos casos, especialmente quando a prática de atos homossexuais não se estruturou, podem ser ajudados positivamente por meio de uma terapia apropriada. De qualquer maneira, as pessoas que estão nesta condição devem ser acolhidas com respeito, dignidade e delicadeza, evitando todas as formas de injusta discriminação. Os pais, por seu lado, no caso de perceberem nos filhos, em idade infantil ou adolescente, o aparecimento de tal tendência ou dos comportamentos a ela relacionados, façam-se ajudar por pessoas especializadas e qualificadas para darem todo o auxílio possível.

131. *Catecismo da Igreja Católica*, n. 2357.
132. *Persona Humana*, n. 8.
133. Cf. *Catecismo da Igreja Católica*, n. 2357.

Para a maior parte das pessoas homossexuais, tal condição constitui uma prova. «Por isso devem ser acolhidas com respeito, compaixão e delicadeza. Evitar-se-á em relação a elas qualquer sinal de discriminação injusta. Estas pessoas são chamadas a realizar, na sua vida, a vontade de Deus e, se são cristãs, a unir ao sacrifício da cruz do Senhor as dificuldades que podem encontrar devido à sua condição».[134] «As pessoas homossexuais são chamadas à castidade».[135]

105. O conhecimento do significado positivo da sexualidade, em ordem à harmonia e ao desenvolvimento da pessoa, assim como em relação à vocação da pessoa na família, na sociedade e na Igreja, representa sempre o horizonte educativo a propor nas etapas de desenvolvimento da adolescência. Nunca se deve esquecer que a desordem no uso do sexo tende a destruir progressivamente *a capacidade de amar da pessoa,* fazendo do prazer — em lugar do dom sincero de si — o fim da sexualidade e reduzindo as outras pessoas a objetos da própria gratificação: assim isto debilita seja o sentido do verdadeiro amor entre o homem e a mulher — sempre aberto à vida —, seja a própria família e induz sucessivamente ao desprezo pela vida humana que poderia ser concebida, considerada então como um mal que ameaça, em certas situações, o prazer pessoal.[136] «A banalização

---

134. *Ibid,* n. 2358.
135. *Ibid,* n 2359.
136. Isto, juntamente com o conhecimento da força particular da *libido* — conforme o que pôs em relevo o estudo da psique humana —

da sexualidade», com efeito, «conta-se entre os principais fatores que estão na origem do desprezo pela vida nascente: só um amor verdadeiro sabe defender a vida».[137]

106. É preciso lembrar também que nas sociedades industrializadas os adolescentes estão interiormente interessados, e algumas vezes perturbados, não só por causa dos problemas da *identificação de si,* da descoberta do seu plano de vida, e pelas dificuldades de conseguir uma integração da sexualidade numa personalidade madura e bem orientada, mas também pelos problemas da aceitação de si e do seu próprio corpo. Surgem hoje ambulatórios e centros especializados para a adolescência, muitas vezes caracterizados por intenções puramente hedonísticas. Uma sã cultura do corpo, que leve à aceitação de si mesmo como dom e como encarnação de um espírito chamado à abertura para Deus e para a sociedade, deverá acompanhar a formação neste período altamente construtivo, mas também não privado de riscos.

---

ajuda a compreender o ensinamento da Igreja sobre o caráter grave de todo uso desordenado do sexo: «Segundo a tradição cristã..., e como reconhece também a reta razão, a ordem moral da sexualidade comporta para a vida humana valores tão elevados, que toda a violação direta de tal ordem é — pelo seu objeto — grave» *(Persona Humana,* n. 10). Note-se que a Igreja ensina o caráter grave pelo objeto do ato, mas não exclui a falta de culpa grave devida à imperfeição do querer; e ainda, no mesmo número de *Persona Humana* esclarece que neste campo é particularmente possível tal imperfeição.

137. *Evangelium Vitae,* n. 97.

Diante das propostas de agregação hedonística que sejam feitas, especialmente nas sociedades do bem-estar, é sumamente importante apresentar aos jovens os ideais da solidariedade humana e cristã e as modalidades concretas de empenho nas associações e nos movimentos eclesiais e no voluntariado católico e missionário.

107. Neste período são muito importantes *as amizades*. Segundo as condições e os usos sociais do lugar em que se vive, a adolescência é um período em que os jovens gozam de mais autonomia nos relacionamentos com os outros e nos horários da vida de família. Sem lhes tirar uma justa autonomia, os pais devem saber dizer não aos filhos quando é necessário[138] e ao mesmo tempo cultivar nos filhos o gosto por aquilo que é belo, nobre e verdadeiro. Devem também ser sensíveis à auto-estima do adolescente, que pode atravessar uma fase de confusão e de menor clareza sobre o sentido da dignidade pessoal e das suas exigências.

108. Através de conselhos ditados pelo amor e pela paciência, os pais ajudem os jovens a afastar-se de *um excessivo fechamento sobre si mesmos* e ensinem-nos — quando for necessário — a ir contra os hábitos sociais que tendem a sufocar o verdadeiro amor e o apreço pelas realidades do espírito: «Sede

138. Basta pensar nos abusos freqüentemente existentes em algumas discotecas, mesmo entre jovens menores de 16 anos.

sóbrios e vigiai! O diabo, vosso adversário, anda ao redor de vós como leão que ruge, buscando a quem devorar. Resisti-lhe firmes na fé, sabendo que os vossos irmãos, que estão espalhados pelo mundo, sofrem as mesmas aflições. O Deus de toda a graça, que vos chamou em Jesus Cristo à sua eterna glória, depois de terdes padecido um pouco, vos aperfeiçoará, vos tornará inabaláveis e vos fortificará» (lPd 5,8-10).

4. A caminho da idade adulta

109. Não é intensão deste documento falar sobre a preparação próxima e imediata para o matrimônio, exigência da formação cristã, particularmente recomendada pela necessidade nosso tempo e recordada pela Igreja.[139] Todavia, deve-se ter presente que a missão dos pais não cessa quando o filho chega à maioridade, o que, por outro lado, varia segundo as diversas culturas e legislações. Momento particular e significativo para os jovens é também o da sua entrada no mundo do trabalho ou da escola superior, em que eles entram em contato — às vezes brusco, mas que se pode tornar benéfico — com modelos diversos de comportamento e com ocasiões que representam um verdadeiro desafio.

110. Os pais, mantendo aberto um diálogo confiante e capaz de promover o sentido de responsabili-

---

139. Cf. *Familiaris Consortio*, n. 66.

dade no respeito da legítima e necessária autonomia, constituem sempre um ponto de referência para os filhos, seja com o conselho seja com o exemplo, a fim de que o processo de ampla socialização lhes permita chegarem a uma personalidade madura e integrada interior e socialmente. De modo particular, deve-se ter cuidado de que os filhos não cessem, antes intensifiquem, o contato de fé com a Igreja e com as atividades eclesiais; que saibam escolher mestres de pensamento e de vida para o seu futuro; e que sejam também capazes de empenhar-se no campo cultural e social como cristãos, sem medo de professar-se tais e sem perder o sentido e a busca da sua vocação.

No período que precede o *noivado* e a escolha daquele afeto preferencial que pode levar à formação de uma família, o papel dos pais não deverá concretizar-se em simples proibições e ainda menos na imposição da escolha do noivo ou da noiva mas, antes, deverão ajudar os filhos a definir as condições que são necessárias para que possa existir um vínculo sério, honesto e prometedor, e também apoiá-los no caminho de um claro testemunho de coerência cristã no contato com a pessoa do outro sexo.

111. Deverão evitar ceder à mentalidade corrente segundo a qual às filhas se devem fazer todas as recomendações sobre a virtude e sobre o valor da virgindade, enquanto para os filhos isso não seria necessário, como se para eles tudo fosse lícito.

Para uma consciência cristã e para uma visão do matrimônio e da família, em ordem a qualquer tipo de vocação, vale a recomendação de S. Paulo aos Filipenses: «Tudo o que é verdadeiro, tudo o que é honesto, justo, puro, amável, de boa fama, tudo o que é virtuoso e louvável, é o que deveis ter em mente» (Fl 4,8).

VII
ORIENTAÇÕES PRÁTICAS

112. É portanto dever dos pais, no que se refere à educação das virtudes, serem promotores de uma autêntica educação dos seus filhos para o amor: à geração *primária* de uma vida humana no ato procriativo deve seguir-se, pela sua própria natureza, a geração *secundária,* que leva os pais a ajudar o filho no desenvolvimento da sua personalidade.

Por isso, retomando sinteticamente o que dissemos até aqui, e colocando-o num plano operativo, *recomenda-se* o que é dito nos parágrafos seguintes.[140]

Recomendações aos pais e aos educadores

113. *Recomenda-se aos pais que sejam conscientes do seu papel educativo e defendam e exerçam este direito-dever primário.*[141] Daqui se segue que

---

140. As seguintes recomendações foram formuladas: *a)* à luz do direito que tem cada pessoa de crer e de praticar a Fé Católica: cf. Concílio Vaticano II, Declaração sobre a liberdade religiosa *Dignitatis Humanae,* n. 1, 2, 5, 13, 14; *Carta dos Direitos da Família,* art. 7; b) nos termos dos direitos à liberdade e à dignidade da família: cf. Preâmbulo da *Carta dos Direitos da Família; Dignitatis Humanae,* n. 5; *Familiaris Consortio,* nn. 26, 42, 46.

141. Cf. *Gravissimum Educationis,* n. 3; *Familiaris Consortio,* n. 36; *Carta dos Direitos da Família,* art. 5.

qualquer intervenção educativa, mesmo relativa à educação para o amor, por obra de pessoas estranhas à família, deve ser subordinada à aceitação por parte dos pais e deva assumir a forma não de uma substituição, mas de um apoio à intervenção deles: de fato, «a educação sexual, direito e dever fundamental dos pais, deve realizar-se sempre sob a sua solícita orientação, quer em casa quer nos centros educativos escolhidos e controlados por eles»[142] Não faltam em geral nem conhecimento nem esforço da parte dos pais. Eles, porém, se sentem muito sós, indefesos e, por vezes, culpabilizados. Têm necessidade não só de compreensão, mas de apoio e de ajuda por parte dos grupos, associações e instituições.

1. Recomendações aos pais

114. 1. Recomenda-se aos pais *associar-se com outros pais*, não só com o fim de proteger, manter ou completar o seu papel de educadores primários dos filhos, especialmente na área da educação para o amor,[143] mas também para se oporem a formas perniciosas de educação sexual e para garantirem que os filhos sejam educados segundo os princípios cristãos e em conformidade com o seu desenvolvimento pessoal.

142. *Familiaris Consortio,* n. 37.
143. Cf. *Carta dos Direitos da Família,* art. 8 a e 5 c; *Código do Direito Canônico,* 25 de janeiro de 1983, cann. 215, 223, § 2, can. 799; Carta às Familias *Gratissimam Sane,* n. 16.

115.　2 . No caso de os pais serem assistidos por outros na educação dos seus filhos para o amor, recomenda-se que eles *sejam informados exatamente sobre os conteúdos e sobre a modalidade com que é conferida tal educação suplementar*.[144] Ninguém pode obrigar as crianças e os jovens ao segredo acerca do conteúdo ou do método da instrução dada fora da família.

116.　3. Conhece-se a dificuldade e muitas vezes a impossibilidade, da parte dos pais, de *participar plenamente em cada instrução suplementar fornecida fora de casa;* todavia, reivindica-se o seu direito de estarem informados sobre a estrutura e os conteúdos do programa. Em todo o caso não lhes poderá ser negado o direito de estarem presentes durante o desenrolar dos encontros.[145]

117.　4. Recomenda-se aos pais seguirem com a atenção toda forma de educação sexual que seja dada a seus filhos fora de casa, *retirando-os sempre que esta não corresponda aos seus princípios*.[146] Esta

---

144. Esta recomendação deriva da *Carta dos Direitos da Família*, art. 5 c, d, e, porque o direito de saber implica a supervisão e o controle por parte dos pais.

145. Esta recomendação deriva da *Carta dos Direitos da Família*, art. 5 c, d, e, porque a participação dos pais facilita a sua supervisão e controle da educação ao amor dos seus filhos.

146. Esta recomendação deriva da *Carta dos Direitos da Família*, art. 5 c, d, e, porque o direito de retirar as crianças da formação sexual permite aos pais a liberdade de exercer o seu direito de educar os filhos segundo a sua consciência (art. 5 a da *Carta)*.

decisão dos pais não deve, porém, ser motivo de discriminação para os filhos.[147] Por outro lado, os pais que tirarem os filhos de tal instrução têm o dever de lhes dar uma adequada formação, apropriada à fase de desenvolvimento de cada criança ou jovem.

2. Recomendações a todos os educadores

118. 1. Desde o momento em que cada criança ou jovem deve poder viver a sua sexualidade de maneira conforme aos princípios cristãos, e portanto exercitando também a virtude da castidade, *nenhum educador — nem mesmo os pais — pode interferir em tal direito* (cf. Mt 18,4-7).[148]

119. 2. Recomenda-se que se respeite o *direito da criança e do jovem de ser informado de modo adequado* por seus pais acerca das questões morais e sexuais de tal forma que seja auxiliado no seu desejo de ser casto e formado para a castidade.[149] Tal direito é ulteriormente qualificado pela fase de desenvolvimento da criança, pela sua capacidade de integrar a verdade moral com a informação sexual e pelo respeito pela sua inocência e tranqüilidade.

147. Cf. *Carta dos Direitos da Família*, art. 7.
148. *Ibid*, art. 4 e.
149. Esta recomendação deriva da Declaração *Gravissimum Educationis*, n. 1.

120.   3. Recomenda-se que se respeite *o direito da criança ou do jovem de se retirar de qualquer forma de instrução sexual conferida fora de casa*.[150] Por tal decisão, nem eles nem outros membros da família serão penalizados ou discriminados.

Quatro princípios operativos e as suas normas particulares

121.   À luz destas recomendações, a educação para o amor pode concretizar-se em quatro *princípios operativos*.

122.   1. **A sexualidade humana é um mistério sagrado que deve ser apresentado segundo o ensinamento doutrinal e moral da Igreja, tendo sempre em conta os efeitos do pecado original.**

Informado pela reverência e pelo realismo cristão, este princípio doutrinal deve guiar cada momento da educação para o amor. Numa época em que se suprimiu o mistério da sexualidade humana, os pais devem estar atentos, no seu ensino e na ajuda oferecida por outros, em evitar a banalização da sexualidade humana. Em particular, deve-se conservar o respeito profundo pela diferença entre homem e mulher que reflete o amor e a fecundidade do próprio Deus.

[150]. Esta recomendação é a extensão prática do direito da criança a ser casta, acima n. 118, e corresponde ao direito dos pais, acima n. 117.

123. Ao mesmo tempo, no ensinamento da doutrina e da moral católica acerca da sexualidade, devem-se ter em conta *os efeitos duráveis do pecado original,* isto é, a fraqueza humana e a necessidade da graça de Deus para superar as tentações e evitar o pecado. A esse respeito, deve-se *formar a consciência* de todo indivíduo de modo claro, preciso e em sintonia com os valores espirituais. A moral católica, porém, nunca se limita a ensinar como evitar o pecado; trata também do crescimento nas virtudes cristãs e do desenvolvimento da capacidade de doar-se, na vocação da própria vida.

124. **2. Devem ser apresentadas às crianças e aos jovens somente informações proporcionadas a cada fase do seu desenvolvimento individual.**

Este *princípio de tempestividade* já esteve presente no estudo das diversas fases do desenvolvimento das crianças e dos jovens. Os pais e todos aqueles que os ajudam devem ser sensíveis: *a)* às diversas fases de desenvolvimento, em particular aos «anos da inocência» e à puberdade; *b)* ao modo como cada criança ou jovem experimenta as diversas etapas da vida; *c)* aos problemas particulares associados a estas etapas.

125. À luz deste princípio, pode-se indicar também a relevância da tempestividade em relação aos problemas específicos.

a) Na adolescência tardia, os jovens devem ser introduzidos primeiramente no conhecimento dos indícios de fertilidade e depois na *regulação natural da fertilidade,* mas só no contexto da educação para o amor, da fidelidade matrimonial, do plano de Deus para a procriação e para o respeito da vida humana.

b) O homossexualismo não deve ser discutido antes da adolescência, a menos que surja qualquer grave problema específico numa situação particular.[151] Este argumento deve ser apresentado só nos termos da castidade, da saúde e «da verdade sobre a sexualidade humana no seu relacionamento com a família, como ensina a Igreja».[152]

c) As perversões sexuais, que são relativamente raras, não devem ser tratadas se não através de conselhos individuais, que sejam a resposta dos pais a problemas verdadeiros.

126. 3. **Nenhum material de natureza erótica deve ser apresentado a crianças ou a jovens de qualquer idade, individualmente ou em grupo.**

Este *princípio da decência* deve salvaguardar a virtude da castidade cristã. Por isso, ao comunicar a informação sexual no contexto da educação para o amor, a instrução deve ser sempre *«positiva e prudente»*[153] e *«clara e delicada».*[154] Estas quatro pala-

---

151. Cf. *Orientações Educativas sobre o Amor Humano,* nn. 101-103.
152. *O Cuidado Pastoral das Pessoas Homossexuais,* n. 17.
153. *Gravissimum Educationis,* n. 1.
154. *Familiaris Consortio,* n. 37.

vras, usadas pela Igreja Católica, excluem qualquer forma de *conteúdo inaceitável da educação sexual*.[155]

Além disso, representações gráficas e realistas do *parto*, por exemplo, num filme, mesmo sem serem eróticas, devem ser levadas à consciência de maneira gradual, para não criarem medo e atitudes negativas em relação à procriação nas meninas e nas jovens.

127. 4. Nunca ninguém deve ser convidado, tanto menos obrigado, a agir de qualquer modo que possa ofender objetivamente a modéstia ou que, subjetivamente, possa lezar a sua delicadeza ou sentido de «privacidade».

Tal *princípio de respeito pela criança* exclui todas as formas impróprias de envolvimento das crianças e dos jovens. A esse respeito podem-se excluir, entre outros, os seguintes *métodos abusivos da educação sexual: a)* toda representação «dramatizada», mímica ou «papéis», que descrevam questões genitais ou eróticas; *b)* a realização de imagens, tabelas, modelos etc. deste gênero; c) o pedido de dar informações pessoais sobre questões sexuais[156] ou de divulgar informações familiares; *d) os* exames, orais ou escritos, sobre questões genitais ou eróticas.

---

155. Por exemplo: *a)* materiais eróticos visíveis; *b)* apresentações eróticas escritas ou verbais *(cf. Orientações Educativas sobre o Amor Humano, 76); c)* linguagem obscena ou grosseira; *d)* humorismo indecente; *e)* a difamação da castidade e *f)* tentativas para minimizar a gravidade do pecado contra esta virtude.

156. Excluindo o contexto do ensinamento prudente e apropriado acerca da regulamentação natural da fertilidade.

Os métodos particulares

128. Estes princípios e estas normas podem acompanhar os pais, e todos aqueles que os ajudam, quando adotam os diversos métodos que parecem ser idôneos à luz da experiência dos pais e dos peritos. Passaremos agora a designar estes métodos recomendados e, além disso, indicaremos também os principais métodos a evitar, juntamente com as ideologias que os promovem e inspiram.

a) *Métodos recomendados*

129. O método normal e fundamental, já proposto por este guia, é *o diálogo pessoal entre os pais e os filhos,* isto é, a *formação individual no âmbito da família.* Não se pode, com efeito, substituir o diálogo confiante e aberto com os filhos, o qual respeita não só as etapas do desenvolvimento, mas também a jovem pessoa como indivíduo. Quando, porém, os pais pedem ajuda a outros, há diversos métodos úteis que poderão ser recomendados à luz da experiência dos pais e em conformidade com a prudência cristã.

130. 1. Como casal, ou como indivíduos, os pais podem *encontrar-se com outros que estejam preparados na educação para o amor* para se beneficiar da sua experiência e competência. Estes, então, podem explicar e fornecer-lhes livros e outros recursos aprovados pela autoridade eclesiástica.

131.   2. Os pais, nem sempre preparados para enfrentar problemáticas ligadas à educação para o amor, podem participar com seus filhos de reuniões orientadas por pessoas especializadas e dignas de confiança, por exemplo, médicos, sacerdotes, educadores. Por motivos de maior liberdade de expressão, em alguns casos, parecem preferíveis reuniões só com filhos ou só com filhas.

132.   3. Em certas situações, os pais podem *confiar uma parte da educação para o amor a uma outra pessoa de confiança,* se houver questões que requeiram uma competência específica ou cuidado pastoral em casos particulares.

133.   4. A *catequese sobre a moral* pode ser dada por outras pessoas de confiança, com particular atenção à ética sexual durante a puberdade e a adolescência. Os pais devem interessar-se pela orientação moral que se dá a seus filhos fora de casa e utilizá-la como apoio para o trabalho educativo; tal orientação não deve incluir os aspectos mais íntimos, biológicos ou afetivos, da informação sexual, que pertencem à formação individual em família.[157]

134.   5. A *formação religiosa dos próprios pais,* em particular a sólida preparação catequética dos adultos sobre a verdade do amor, constitui o fundamento de uma fé madura que pode orientá-los na

157. *Cf. Orientações Educativas sobre o Amor Humano,* n. 58.

formação dos seus filhos.[158] Tal catequese para os adultos permite, não só aprofundar a compreensão da comunidade de vida e de amor do matrimônio, mas também aprender a se comunicar melhor com os filhos. Além disso, durante o processo de formação dos filhos para o amor, os pais encontrarão nesta tarefa muitas vantagens, porque descobrirão que este ministério de amor os ajuda a manter «viva a consciência do 'dom' que recebem continuamente dos filhos».[159] Para tornar os pais capazes de desempenhar a sua obra educativa, podem-se promover cursos de formação especial, com a colaboração de especialistas.

b) *Métodos e ideologias a evitar*

135. Hoje os pais devem prestar atenção ao modo como uma educação imoral pode ser transmitida a seus filhos através de métodos promovidos por grupos com posições e interesses contrários à moral cristã.[160] Não seria possível indicar todos os métodos inaceitáveis; aqui apresentam-se somente diversos modos mais difundidos que ameaçam os direitos dos pais e a vida moral dos seus filhos.

136. Em primeiro lugar, os pais devem recusar *a educação sexual secularizada e anti-natalista*, que põe Deus à margem da vida e considera o nascimen-

---
158. *Cf. ibid*, n. 63.
159. *Familiaris Consortio*, n. 21.
160. Cf. Carta às Famílias *Gratissimam Sane*, 13.

to de um filho como uma ameaça, difundida pelos grandes organismos e pelas associações internacionais que promovem o aborto, a esterilização e a contracepção. Estes organismos querem impor um falso estilo de vida contra a verdade do sexo. Operando a nível nacional ou provincial, tais organismos procuram suscitar nas crianças e nos jovens o medo pela «ameaça do excesso de população» para promover a mentalidade contraceptiva, isto é, a mentalidade «antilife»; difundem conceitos falsos sobre a «saúde reprodutiva» e os «direitos sexuais e reprodutivos» dos jovens.[161] Além disso, alguns organismos antinatalistas apóiam as clínicas que, violando os direitos dos pais, asseguram o aborto e a contracepção aos jovens, promovendo assim a promiscuidade e, conseqüentemente, o incremento de casos de gravidez entre as jovens. «Olhando para o ano Dois Mil, como não pensar nos jovens? O que lhes é proposto? Uma sociedade de 'coisas' e não de 'pessoas'. O direito de fazer livremente tudo, desde a idade mais jovem, sem freios mas com o máximo da 'segurança' possível. O dom desinteressado de si, o controle dos instintos, o sentido da responsabilidade são noções que se consideram ligadas a uma outra época».[162]

161. Cf. Conselho Pontifício para a Família, «Instrumentum laboris» *Evoluções demográficas: dimensões éticas e pastorais*, 25 de março de 1994, nn. 28 e 84, Libreria Editrice Vaticana; *Orientações Educativas sobre o Amor Humano*, n. 62.

162. *Lettera del Santo Padre ai Capi di Stato* em vista da Conferência do Cairo, 19 de março de 1994: «L'Osservatore Romano», ed. it., 15 de abril de 1994, p. 1.

137. Antes da adolescência, o caráter imoral do **aborto,** realizado cirúrgica ou quimicamente, pode ser explicado gradualmente nos termos da moral católica e do respeito pela vida humana.[163]

No que se refere à *esterilização e à contracepção,* a sua discussão não deve fazer-se antes da idade da adolescência e deverá desenrolar-se somente em conformidade com o ensinamento da Igreja Católica.[164] Sublinhar-se-ão, para isso, os valores morais, espirituais e sanitários dos métodos da regulação natural da fertilidade, indicando ao mesmo tempo os perigos e os aspectos éticos dos métodos artificiais. Mostrar-se-á em particular a diferença substancial e profunda entre os métodos naturais e os artificiais, tanto no que se refere ao respeito pelo projeto de Deus no matrimônio como no que se refere à «recíproca doação total dos cônjuges»[165] e à abertura à vida.

138. Em algumas sociedades estão em vigor associações profissionais de *educadores, conselheiros e terapeutas do sexo.* Como o seu trabalho se baseia não raramente em teorias malsãs, sem valor científico e fechadas a uma autêntica antropologia, que não reconhecem o verdadeiro valor da castidade, os pais deveriam averiguar sobre tais associações com gran-

---

163. Cf. *Evangelium Vitae,* nn. 58-63.
164. Cf. *Orientações Educativas sobre o Amor Humano,* n. 62.
165. *Familiaris Consortio,* n. 32.

de cautela, não importa que tipo de reconhecimento oficial tenham recebido. Quando o seu ponto de vista discorda dos ensinamentos da Igreja, isto torna-se evidente não só no seu agir, mas também nas suas publicações que são largamente propagadas em diversos países.

139. Um outro abuso verifica-se quando se quer conferir a educação sexual ensinando às crianças, mesmo graficamente, todos os pormenores íntimos das relações genitais. Hoje isto acontece freqüentemente, com a motivação de querer dar uma educação para «o sexo seguro», sobretudo em relação à difusão da AIDS. Neste contexto, os pais devem também recusar a promoção do dito «safe sex» ou «safer sex», uma política perigosa e imoral, baseada na teoria ilusória de que o preservativo pode dar proteção adequada contra a AIDS. Os pais devem insistir sobre a continência fora do matrimônio e a fidelidade no matrimônio como única verdadeira e segura educação para a prevenção de tal contágio.

140. Uma outra maneira de proceder, largamente utilizada, mas que pode ser prejudicial, é definida com os termos *«classificação de valores»*. Os jovens são encorajados a refletir, esclarecer e decidir sobre as questões morais com a máxima «autonomia», ignorando porém, em geral, a realidade objetiva da lei moral e negligenciando a formação das consciências sobre os específicos preceitos morais cristãos, afir-

mados pelo Magistério da Igreja.[166] Dá-se aos jovens a idéia de que um código moral é qualquer coisa criada por nós mesmos, como se o ser humano fosse fonte e norma da moral.

O método da clarificação dos valores é, contudo, um obstáculo à verdadeira liberdade e autonomia dos jovens durante um período inseguro do seu desenvolvimento.[167] Não só se favorece na prática a opinião da maioria, mas põem-se também diante dos jovens situações morais complexas, afastadas das normais escolhas morais que eles enfrentam todos os dias e nas quais tanto o bem como o mal é facilmente reconhecido. Este método inaceitável tende a ligar-se estreitamente com o relativismo moral, encorajando assim a indiferença a respeito da lei moral e o permissivismo.

141. Os pais deverão também prestar atenção ao modo como a instrução sexual é inserida no contexto de outras matérias, aliás úteis (por exemplo: a saúde e a higiene, o desenvolvimento pessoal, a vida familiar, a literatura infantil, os estudos sociais e culturais etc.). Nestes casos é mais difícil controlar o conteúdo da instrução sexual. Tal *método da inclusão* é utilizado em particular por aqueles que promovem a instrução sexual na perspectiva do controle da nata-

---

166. Cf. João Paulo II, Carta encíclica *Veritatis Splendor,* 6 de agosto de 1993: *AAS* 85 (1993), pp. 1208-1210, nn. 95-97.

167. Cf. *ibid.,* n. 41, sobre a verdadeira autonomia moral do ser humano.

lidade ou nos países onde o governo não respeita os direitos dos pais em tal âmbito. Porém, até mesmo a catequese seria distorcida se os laços inseparáveis entre a religião e a moral fossem utilizados como pretexto para introduzir na instrução religiosa as informações sexuais, biológicas e afetivas, que os pais deveriam dar segundo uma sua prudente decisão, na sua própria casa.[168]

142. Por fim, é preciso ter presente, como orientação geral, que todos os diversos métodos de educação sexual devem ser julgados pelos pais à luz dos princípios e das normas morais da Igreja, que exprimam os valores humanos na vida cotidiana.[169] Sejam tomados em consideração também os efeitos negativos que diversos métodos podem produzir na personalidade das crianças e dos jovens.

A inculturação e a educação para o amor

143. Uma autêntica educação ao amor deve ter em conta o contexto cultural em que vivem os pais e os seus filhos. Como uma união entre a fé professada e a vida concreta, a inculturação é uma harmonização entre a fé e a cultura, onde Cristo e o seu Evangelho têm a precedência absoluta sobre a cultura. «Visto que transcende toda a ordem da natureza e da cultu-

---

168. Cf. *Orientações Educativas sobre o Amor Humano*, n. 58.
169. Cf. *ibid*, n. 19; *Familiaris Consortio*, n. 37.

ra, a fé cristã, por um lado, é compatível com todas as culturas, naquilo que têm de conforme à reta razão e à boa vontade, e, por outro, é ela mesma, em grau eminente, um fator dinamizador da cultura. Este princípio ilumina o conjunto das relações entre fé e cultura: a graça respeita a natureza, cura-a das feridas do pecado, corrobora-a e eleva-a. A elevação à vida divina é a finalidade específica da graça, mas isso não pode realizar-se sem que a natureza seja curada e sem que a elevação à ordem sobrenatural conduza a natureza, na sua linha própria a uma plenitude de formação».[170] Por isso, nunca se pode justificar a educação sexual explícita e precoce das crianças em nome de uma prevalente cultura secularizada. Por outro lado, os pais devem educar os seus filhos para compreender e enfrentar as forças desta cultura, para que possam seguir sempre o caminho de Cristo.

144. Nas culturas tradicionais, os pais não devem aceitar as práticas contrárias à moral cristã, por exemplo nos ritos associados à puberdade, que algumas vezes comportam a introdução dos jovens às práticas sexuais ou fatos contrários à integridade e à dignidade da pessoa, como a mutilação genital das meninas. Pertence, pois, à autoridade da Igreja julgar a compatibilidade dos costumes locais com a moral cristã.

---

170. Comissão Teológica Internacional, *Fé e inculturação, I,* 10, 3-8 de outubro de 1988: *Omnis Terra,* Anno VII, n. 21, setembro-dezembro de 1989, p. 220.

As tradições da modéstia e da reserva em matéria sexual, que caracterizam diversas sociedades, devem, porém, ser respeitadas sempre. Ao mesmo tempo, o direito dos jovens a uma adequada informação deve ser mantido. Por outro lado, deve-se respeitar o papel particular da família em tal cultura,[171] sem impor um modelo ocidental de educação sexual.

---

171. Cf. *Familiaris Consortio*, n. 66.

VIII
CONCLUSÃO

Assistência aos pais

145. Há diversos modos de ajudar e apoiar os pais no cumprimento do direito-dever fundamental de educar os filhos para o amor. Tal assistência não significa nunca tirar aos pais ou diminuir o seu direito-dever formativo, porque ele permanece «original e primário», «insubstituível e inalienável».[172] Por isso o papel que outros possam desempenhar auxiliando os pais é sempre: a) *subsidiário,* porque o papel formativo da comunidade familiar é sempre preferível; b) *subordinado,* isto é, sujeito à orientação atenta e ao controle dos pais. Todos devem observar a ordem justa de cooperação e de colaboração entre os pais e aqueles que podem ajudá-los na sua tarefa. É claro que a assistência dos outros deve ser dada principalmente aos pais em vez de ser dada a seus filhos.

146. Aqueles que são chamados a ajudar os pais na educação dos filhos para o amor devem estar dispostos e preparados a ensinar em conformidade com toda a autêntica doutrina moral da Igreja Católica.

---

[172]. Cf. *Familiaris Consortio,* nn. 36 e 40; Carta às Famílias *Gratissimam Sane,* n. 16.

Além disso, devem ser pessoas maduras, de boa reputação moral, fiéis ao seu estado cristão de vida, casados ou solteiros, leigos, religiosos ou sacerdotes. Devem estar preparados não só nos pormenores da informação moral e sexual, mas ser também sensíveis aos direitos e ao papel dos pais e da família, assim como às necessidades e aos problemas das crianças e dos jovens.[173] Deste modo, à luz dos princípios e do conteúdo deste guia, devem-se imbuir «do mesmo espírito que anima os pais»;[174] se, porém, os pais crêem ser capazes de conferir a educação para o amor de modo adequado, não são obrigados a aceitar assistência.

Fontes válidas da educação para o amor

147. O Conselho Pontifício para a Família conhece a grande necessidade de material válido que seja especificamente preparado para os pais em conformidade com os princípios ilustrados no presente guia. Os pais que sejam competentes nisso, convencidos destes princípios, devem empenhar-se na preparação desse material. Poderão, assim, oferecer a sua experiência e sabedoria para ajudar outros na educação dos filhos para a castidade. Os pais acolherão tam-

---

173. Aqueles que ajudam os pais podem adaptar os princípios indicados para os professores em *Orientações Educativas sobre o Amor Humano*, nn. 79-89.

174. *Familiaris Consortio*, n. 37.

bém a ajuda e a vigilância das autoridades eclesiásticas empenhadas em promover material adequado e em retirar, ou corrigir, aquele que não seja conforme aos princípios ilustrados neste guia, sobre a doutrina, a tempestividade, o conteúdo e os métodos de tal educação.[175] Estes princípios aplicam-se também a todos os modernos meios de comunicação social. De modo especial, este Conselho Pontifício confia na obra de sensibilização e apoio aos pais da parte das Conferências Episcopais, que saberão reevindicar, onde seja preciso, também diante dos programas do Estado no campo educativo, o direito e os âmbitos próprios da família e dos pais.

Solidariedade com os pais

148. Ao cumprir o seu ministério de amor para com os filhos, os pais deverão ter o apoio e a cooperação dos outros membros da Igreja. Os *direitos* dos pais devem ser reconhecidos, tutelados e mantidos não só para assegurar a sólida formação das crianças e dos jovens, mas também para garantir a justa ordem de cooperação e de colaboração entre os pais e aqueles que os ajudem na sua tarefa. Do mesmo modo, nas paróquias ou nas diversas formas de apostolado, o clero e os religiosos devem apoiar e encorajar os pais no esforço de formar seus filhos. Os pais, por sua vez, devem recordar que a família não

---

175. Veja-se *acima*, nn. 65-76; 121-141.

é a única nem exclusiva comunidade formativa. Devem por isso cultivar um contato cordial e ativo com outras pessoas que os possam ajudar, sem nunca esquecer seus próprios direitos inalienáveis.

Esperança e confiança

149. Diante dos muitos desafios à castidade cristã, os dons da natureza e da graça dispensados generosamente aos pais permanecem sempre os fundamentos mais sólidos sobre os quais a Igreja forma os seus filhos. *Grande parte da formação em família é indireta,* encarnada num clima de amabilidade e de ternura, pois brota da presença e do exemplo dos pais quando o seu amor é puro e generoso. Se se der confiança aos pais nesta tarefa da educação para o amor, eles serão encorajados a superar os desafios e os problemas do nosso tempo com o seu ministério de amor.

150. O Conselho Pontifício para a Família exorta por isso os pais a que, conscientes de serem sustentados pelo dom de Deus, tenham confiança nos seus direitos e deveres acerca da educação dos seus filhos, a qual se deve realizar com sabedoria e conhecimento. Neste nobre empenho, possam os pais colocar sempre a sua confiança em Deus através da oração ao Espírito Santo, o doce Paráclito, dispensador de todos os bens. Peçam a poderosa intercessão

e a proteção de Maria Imaculada, Virgem Mãe do amor formoso e modelo da pureza fiel. Invoquem também S. José, seu esposo justo e casto, seguindo o seu exemplo de fidelidade e de pureza de coração.[176] Possam os pais contar constantemente com o amor que oferecem a seus filhos, um amor que «ultrapassa todo o medo», que «tudo desculpa, tudo crê, tudo espera, tudo suporta» (1Cor 13,7). Tal amor é e deve ser dirigido à eternidade, à felicidade eterna prometida por nosso Senhor Jesus Cristo àqueles que o seguem: «Felizes os puros de coração, porque verão a Deus» (Mt 5,8).

Cidade do Vaticano, 8 de dezembro de 1995.

ALFONSO Cardeal LÓPEZ TRUJILLO
Presidente do Conselho Pontifício para a Família

✠ S. E. Mons. ELIO SGRECCIA
Secretário

---

176. Cf. João Paulo II, Exortação apostólica *Redemptoris Custos*, 15 de agosto de 1989: *AAS* 82 (1990), p. 33, n. 31.

ÍNDICE

INTRODUÇÃO

A situação e o problema (1-7) 5

I
CHAMADOS AO VERDADEIRO AMOR

O amor humano como dom de si (9) 13
O amor e a sexualidade humana (10-13) 15
O amor conjugal (14) 19
O amor aberto à vida (15) 19

II
AMOR VERDADEIRO E CASTIDADE

A castidade como dom de si (17) 22
O domínio de si (18-19) 22
A castidade conjugal (20-21) 24
A educação para a castidade (22-25) 26

III
NO HORIZONTE VOCACIONAL

1. A vocação ao matrimônio (27) 32
Chamados ao amor conjugal (28-30) 32
Os pais enfrentam
uma preocupação atual (31-33) 35
2. A vocação à virgindade e ao celibato (34) ... 38
Os pais e as vocações
sacerdotais e religiosas (35-36) 40

IV
PAI E MÃE COMO EDUCADORES

Os direitos e deveres dos pais (41-43) 45
O significado do dever dos pais (44-47) 47

V
ITINERÁRIOS FORMATIVOS
NO SEIO DA FAMÍLIA

O valor essencial do lar (50-51) 53
Formação na comunidade de vida
e de amor (52-55) 54
O pudor e a modéstia (56) 57
A justa intimidade (57) 59

O autodomínio (58) 60
Os pais como modelos
  para seus filhos (59-60)............................... 60
Um santuário da vida e da fé (61-63) 62

VI
OS PASSOS NO CONHECIMENTO

Quatro princípios sobre a informação
  a respeito da sexualidade (65-76) 66
As fases principais do desenvolvimento
  da criança (77) 73
1. Os anos da inocência (78-86) 74
2. A puberdade (87-97)..................................... 78
3. A adolescência
  no projeto de vida (98-108) 86
4. A caminho da idade adulta (109-111) 95

VII
ORIENTAÇÕES PRÁTICAS

Recomendações aos pais
  e aos educadores (113)................................... 99
1. Recomendações aos pais (114-117) 100
2. Recomendações a todos
  os educadores (118-120) 102

Quatro princípios operativos
   e as suas normas particulares (121-127) 103
Os métodos particulares (128) 107
a) Métodos recomendados (129-134) 107
b) Métodos e ideologias a evitar (135-142) 109
A inculturação e a educação
   para o amor (143-144) 114

VIII
CONCLUSÃO

Assistência aos pais (145-146) 117
Fontes válidas
   da educação para o amor (147) 118
Solidariedade com os pais (148) 119
Esperança e confiança (149-150) 120

Rua Dona Inácia Uchoa, 62
04110-020 – São Paulo – SP (Brasil)
Tel.: (11) 2125-3500
http://www.paulinas.com.br – editora@paulinas.com.br
Telemarketing e SAC: 0800-7010081